Impressum
Verlag: BABADADA GmbH, Nedderfeld 112 , 22529 Hamburg
Geschäftsführer / Verlagsleitung: Harald Hof
Druck: Books on Demand GmbH, In de Tarpen 42, 22848 Norderstedt

Imprint
Publisher: BABADADA GmbH, Nedderfeld 112 , 22529 Hamburg, Germany
Managing Director / Publishing direction: Harald Hof
Print: Books on Demand GmbH, In de Tarpen 42, 22848 Norderstedt

koulu
σχολείο

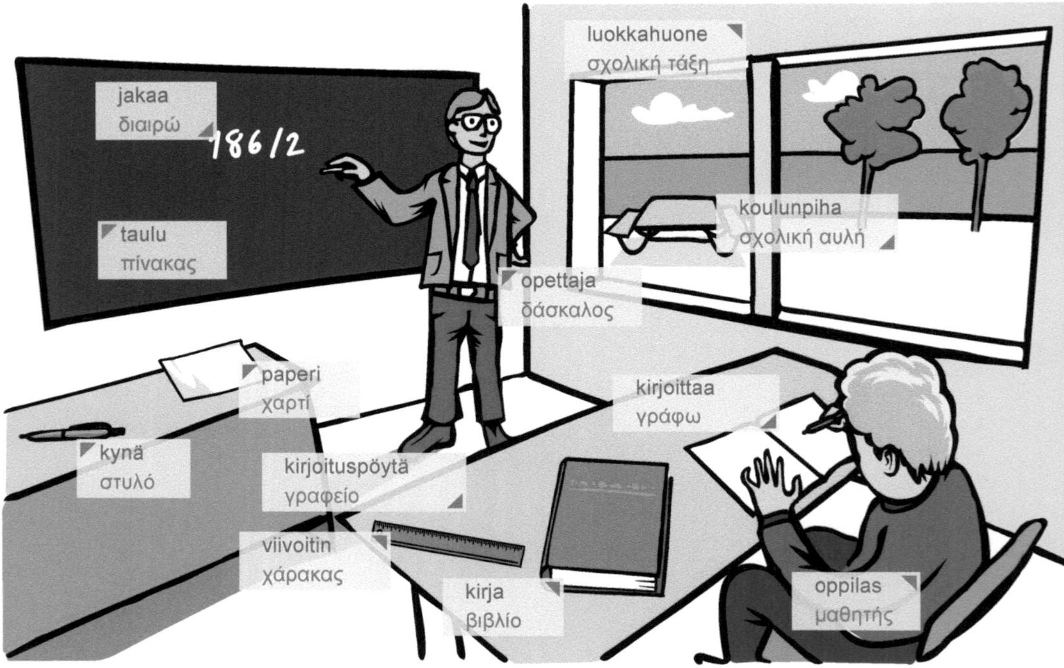

luokkahuone
σχολική τάξη
jakaa
διαιρώ
186/2
koulunpiha
σχολική αυλή
taulu
πίνακας
opettaja
δάσκαλος
paperi
χαρτί
kirjoittaa
γράφω
kynä
στυλό
kirjoituspöytä
γραφείο
viivoitin
χάρακας
kirja
βιβλίο
oppilas
μαθητής

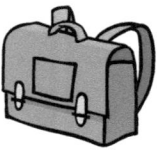

reppu

σχολική τσάντα

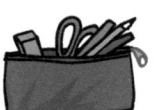

penaali

κασετίνα/ μολυβοθήκη

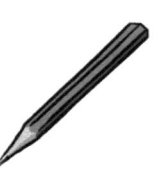

lyijykynä

μολύβι

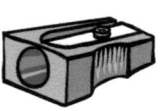

kynänteroitin

ξύστρα

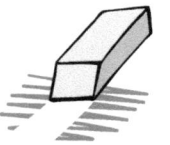

pyyhekumi

γόμα

piirustuslehtiö

μπλοκ ζωγραφικής

piirustus

ζωγραφική

pensseli

πινέλο

vesivärit

κουτί χρωμάτων

sakset

ψαλίδι

liima

κόλλα

harjoituskirja

τετράδιο ασκήσεων

kotitehtävä

εργασία για το σπίτι

luku

αριθμός

lisätä

προσθέτω

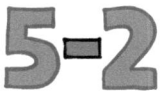

vähentää

αφαιρώ

kertoa

πολλαπλασιάζω

laskea

υπολογίζω

kirjain

γράμμα

aakkoset

αλφάβητο

sana

λέξη

teksti

κείμενο

lukea

διαβάζω

liitu

κιμωλία

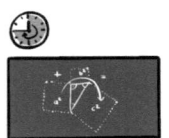

oppitunti

μάθημα

opettajan muistikirja

εγγράφομαι

koe

τεστ

todistus

πιστοποιητικό

koulupuku

μαθητική στολή

koulutus

εκπαίδευση

sanakirja

εγκυκλοπαίδεια

yliopisto

πανεπιστήμιο

mikroskooppi

μικροσκόπιο

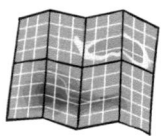

kartta

χάρτης

roskakori

καλάθι αχρήστων

matka
ταξίδι

hotelli
ξενοδοχείο
Grand
retkeilymaja
ξενώνας
ROOMS
rahanvaihto
ανταλλακτήρια συναλλάγματος
matkalaukku
βαλίτσα
auto
αυτοκίνητο

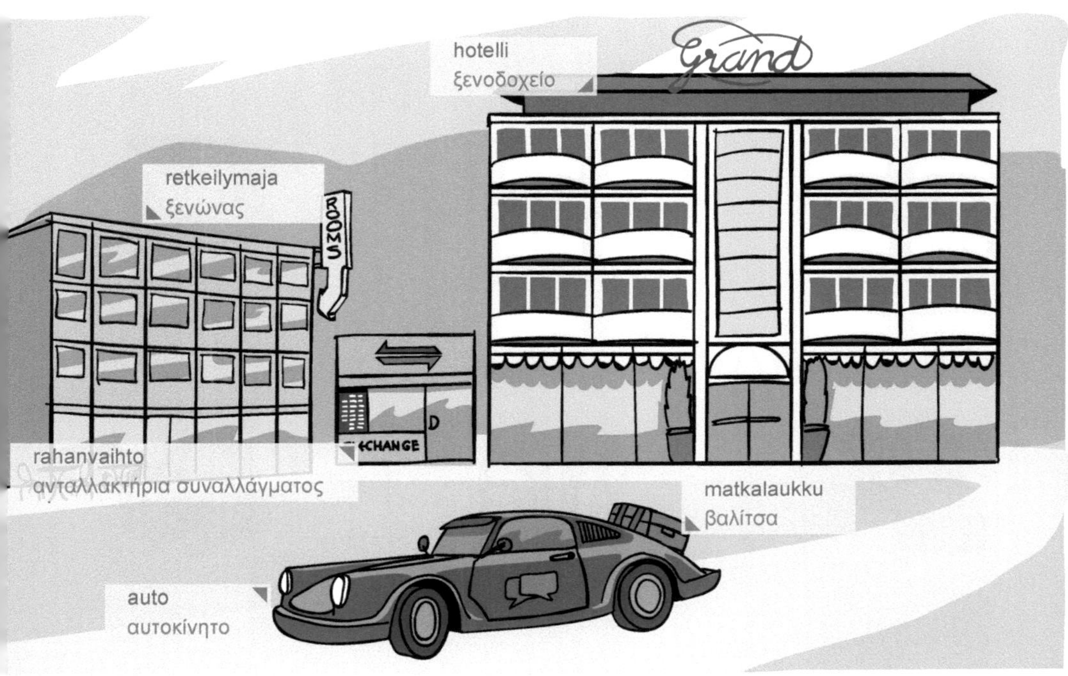

kieli

γλώσσα

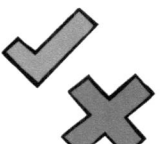

kyllä / ei

ναι / όχι

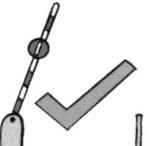

selvä

εντάξει

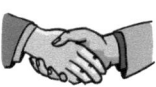

hei

γεια σου

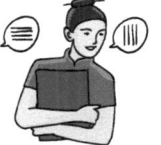

tulkki

μεταφραστής

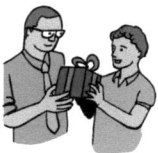

kiitos

Ευχαριστώ

Paljonko...maksaa?

πόσο κάνει ;

en ymmärrä

Δε καταλαβαίνω

ongelma

πρόβλημα

Hyvää iltaa!

Καλησπέρα!

Hyvää huomenta!

Καλημέρα!

Hyvää yötä!

Καληνύχτα!

näkemiin

Αντίο

suunta

κατεύθυνση

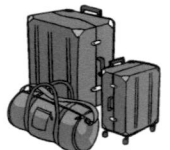

matkatavarat

αποσκευές

laukku

τσάντα

reppu

σακίδιο πλάτης

vieras

καλεσμένος

huone

δωμάτιο

makuupussi

υπνόσακος

teltta

σκηνή

turisti-info
τουριστικές πληροφορίες

ranta
παραλία

luottokortti
πιστωτική κάρτα

aamupala
πρωινό

lounas
μεσημεριανό

päivällinen
δείπνο

matkalippu
εισιτήριο

hissi
ανελκυστήρας

postimerkki
γραμματόσημο

raja
σύνορα

tulli
τελωνείο

suurlähetystö
πρεσβεία

viisumi
βίζα

passi
διαβατήριο

kuljetus
μεταφορά

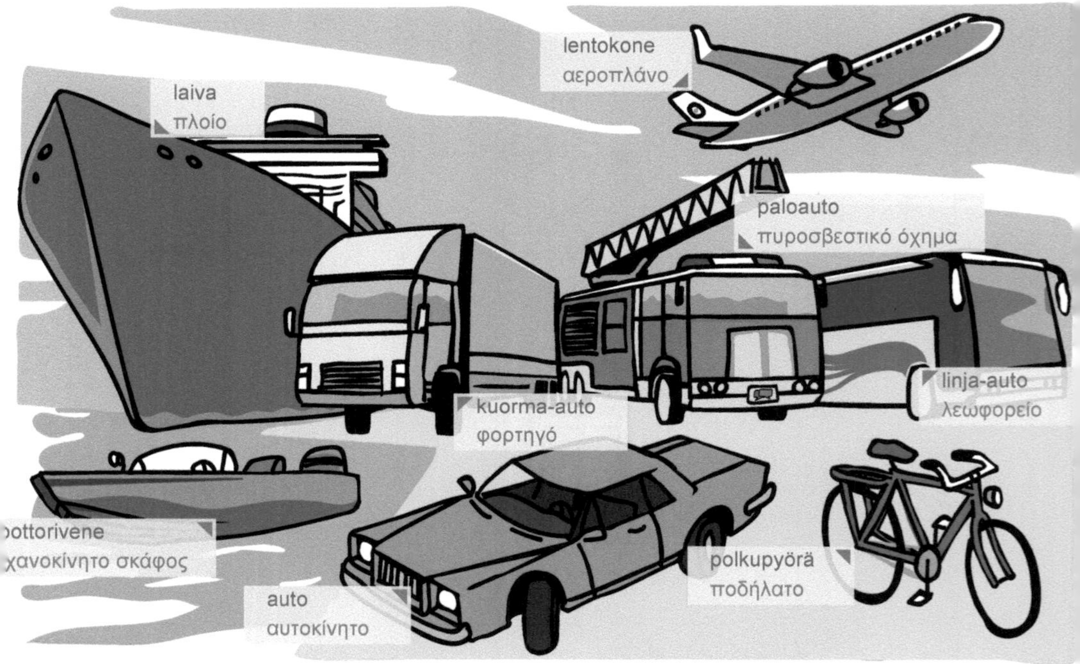
lentokone
αεροπλάνο
laiva
πλοίο
paloauto
πυροσβεστικό όχημα
linja-auto
λεωφορείο
kuorma-auto
φορτηγό
ottorivene
χανοκίνητο σκάφος
polkupyörä
ποδήλατο
auto
αυτοκίνητο

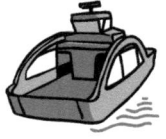

lautta

φεριμπότ

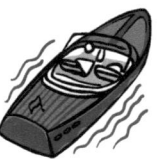

vene

βάρκα

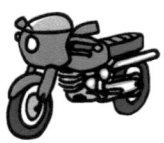

moottoripyörä

μοτοσικλέτα

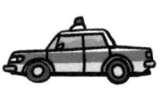

poliisiauto

περιπολικό

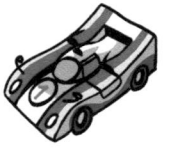

kilpa-auto

αγωνιστικό αυτοκίνητο

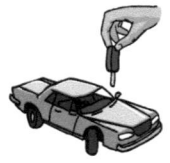

vuokra-auto

ενοικιαζόμενο αυτοκίνητο

car sharing

διαμοιρασμός αυτοκινήτων

hinausauto

γερανός

roska-auto

απορριμματοφόρο

moottori

κινητήρας

polttoaine

καύσιμο

huoltoasema

βενζινάδικο

liikennemerkki

πινακίδα σήμανσης

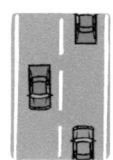

liikenne

κυκλοφορία

ruuhka

κυκλοφοριακή συμφόρηση

parkkipaikka

χώρος στάθμευσης

rautatieasema

σιδηροδρομικός σταθμός

raiteet

σιδηροδρομικές γραμμές

juna

τρένο

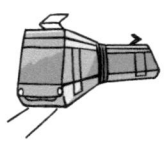

raitiovaunu

τραμ

vaunu

βαγόνι

helikopteri

ελικόπτερο

lentokenttä

αεροδρόμιο

lähilennonjohto

πύργος

matkustaja

επιβάτης

kontti

εμπορευματοκιβώτιο

pahvilaatikko

χαρτοκιβώτιο

kärryt

καρότσι

kori

καλάθι

nousta / laskea

απογειώνομαι /
προσγειόνομαι

kaupunki

πόλη

kylä

χωριό

keskusta

κέντρο της πόλης

talo

σπίτι

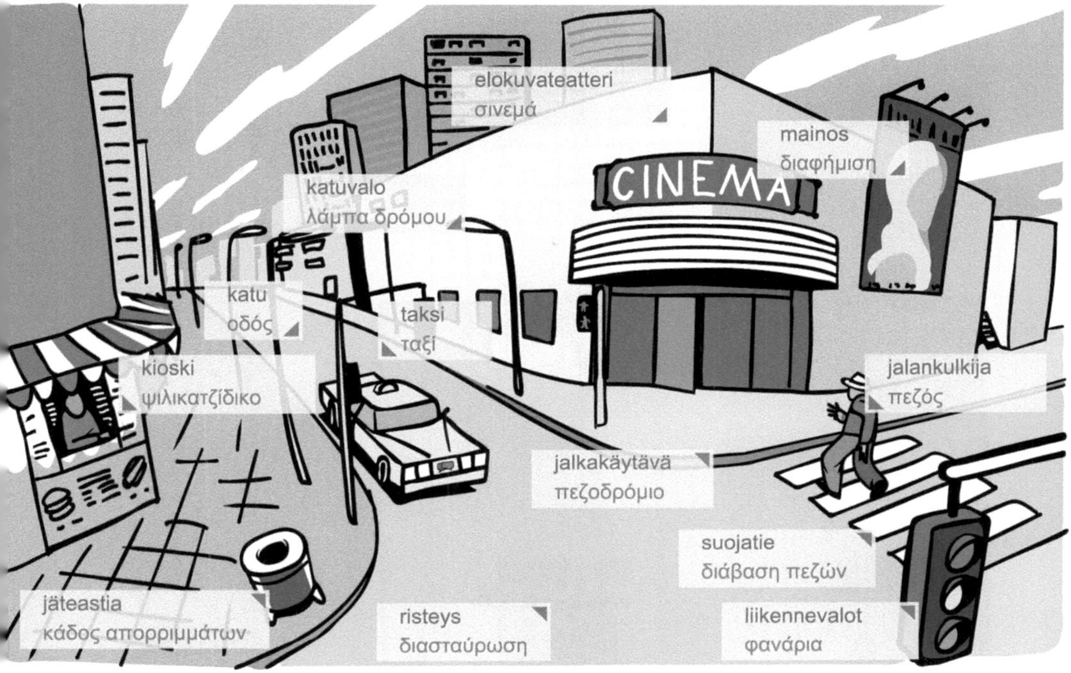
elokuvateatteri
σινεμά
CINEMA
mainos
διαφήμιση
katuvalo
λάμπα δρόμου
katu
οδός
taksi
ταξί
kioski
ψιλικατζίδικο
jalankulkija
πεζός
jalkakäytävä
πεζοδρόμιο
suojatie
διάβαση πεζών
jäteastia
κάδος απορριμμάτων
risteys
διασταύρωση
liikennevalot
φανάρια

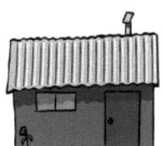

mökki

καλύβα

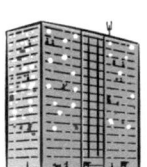

kerrostalo

διαμέρισμα

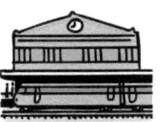

rautatieasema

σιδηροδρομικός σταθμός

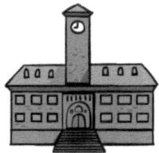

kaupungintalo

δημαρχείο

MUSEUM

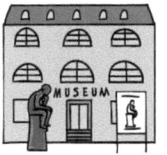

museo

μουσείο

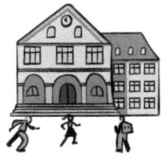

koulu

σχολείο

yliopisto

πανεπιστήμιο

pankki

τράπεζα

sairaala

νοσοκομείο

hotelli

ξενοδοχείο

apteekki

φαρμακείο

toimisto

γραφείο

kirjakauppa

βιβλιοπωλείο

liike

κατάστημα

kukkakauppa

ανθοπωλείο

supermarketti

σούπερ μάρκετ

tori

αγορά

tavaratalo

πολυκατάστημα

kalakauppias

ιχθυοπωλείο

ostoskeskus

εμπορικό κέντρο

satama

λιμάνι

puisto

πάρκο

penkki

παγκάκι

silta

γέφυρα

portaat

σκάλες

metro

μετρό

tunneli

τούνελ

linja-autopysäkki

στάση λεωφορείου

baari

μπαρ

ravintola

εστιατόριο

postilaatikko

γραμματοκιβώτιο

katukyltti

πινακίδα δρόμου

parkkimittari

παρκόμετρο

eläintarha

ζωολογικός κήπος

uimala

πισίνα

moskeija

τζαμί

maatila

αγρόκτημα

ympäristön saastuminen

ρύπανση

hautausmaa

νεκροταφείο

kirkko

εκκλησία

leikkikenttä

παιδική χαρά

temppeli

ναός

maisema

τοπίο

lehti
φύλλο

tienviitta
πινακίδα κατεύθυνσης

tie
δρόμος

niitty
λιβάδι

kivi
πέτρα

puu
δέντρο

retkeilijä
πεζοπόρος

joki
ποτάμι

ruoho
χορτάρι

kukka
λουλούδι

laakso

κοιλάδα

vuori

λόφος

järvi

λίμνη

metsä

δάσος

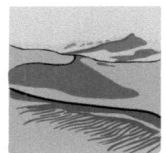

aavikko

έρημος

tulivuori

ηφαίστειο

linna

κάστρο

sateenkaari

ουράνιο τόξο

sieni

μανιτάρι

palmu

φοίνικας

hyttynen

κουνούπι

kärpänen

μύγα

muurahainen

μυρμήγκι

mehiläinen

μέλισσα

hämähäkki

αράχνη

kovakuoriainen

σκαθάρι

sammakko

βάτραχος

orava

σκίουρος

siili

σκαντζόχοιρος

jänis

λαγός

pöllö

κουκουβάγια

lintu

πουλί

joutsen

κύκνος

villisika

αγριογούρουνο

peura

ελάφι

hirvi

άλκη

pato

φράγμα

tuulimylly

ανεμογεννήτρια

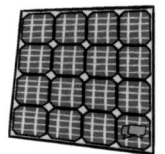

aurinkopaneeli

ηλιακός συλλέκτης

ilmasto

κλίμα

tarjoilija
σερβιτόρος

ruokalista
κατάλογος

tuoli
καρέκλα

keitto
σούπα

pitsa
πίτσα

ruokailuvälineet
μαχαιροπίρουνα

pöytäliina
τραπεζομάντιλο

alkuruoka

ορεκτικό

pääruoka

κύριο πιάτο

jälkiruoka

επιδόρπιο

juomat

ποτά

ruoka

φαγητό

pullo

μπουκάλι

pikaruoka

φαστ φουντ

katuruoka

φαγητό στ' όρθιο

teekannu

τσαγιέρα

sokeriastia

δοχείο ζάχαρης

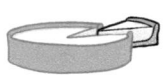

annos

μερίδα

espressokeitin

μηχανή εσπρέσο

syöttötuoli

ψηλή καρέκλα

lasku

λογαριασμός

tarjotin

δίσκος

veitsi

μαχαίρι

haarukka

πιρούνι

lusikka

κουτάλι

teelusikka

κουταλάκι του τσαγιού

servietti

πετσέτα φαγητού

lasi

ποτήρι

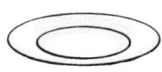

lautanen

πιάτο

syvä lautanen

πιάτο σούπας

aluslautanen

πιατάκι φλιτζανιού

kastike

σάλτσα

suolasirotin

αλατιέρα

pippurimylly

μύλος για πιπέρι

etikka

ξύδι

öljy

λάδι

mausteet

μπαχαρικά

ketsuppi

κέτσαπ

sinappi

μουστάρδα

majoneesi

μαγιονέζα

supermarketti

σούπερ μάρκετ

tarjous
προσφορά
FOR
asiakas
πελάτης
maitotuotteet
γαλακτοκομικά προϊόντα
hedelmät
φρούτα
ostoskärryt
καρότσι για ψώνια

BUTCHERS

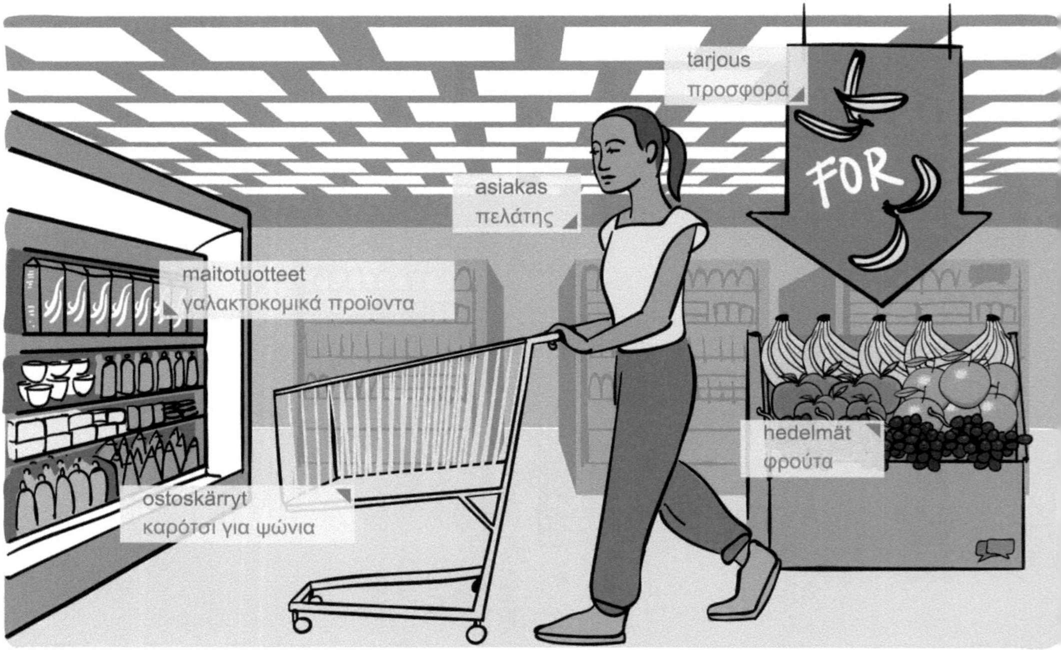

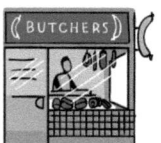

teurastamo

κρεοπωλείο

BAKERY

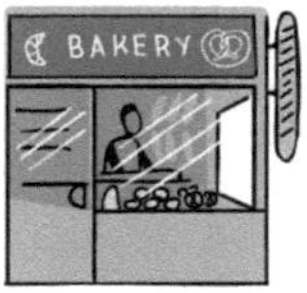

leipomo

φούρνος

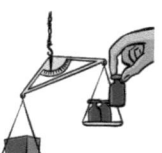

punnita

ζυγίζω

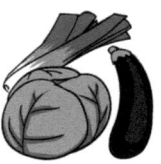

kasvikset

λαχανικά

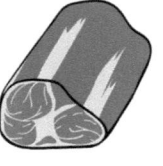

liha

κρέας

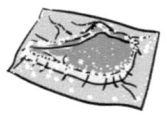

pakasteet

κατεψυγμένα τρόφιμα

leikkele

αλλαντικά

säilykkeet

κονσερβοποιημένη τροφή

pesujauhe

απορρυπαντικό ρούχων

makeiset

γλυκά

kotitaloustarvikkeet

οικιακά είδη

puhdistusaineet

καθαριστικά προϊόντα

myyjä

πωλήτρια

kassa

ταμείο

kassanhoitaja

ταμίας

ostoslista

λίστα για ψώνια

aukioloajat

ωράριο λειτουργίας

lompakko

πορτοφόλι

luottokortti

πιστωτική κάρτα

kassi

τσάντα

muovipussi

πλαστική σακούλα

vesi

νερό

mehu

χυμός

maito

γάλα

kokis

κόκα κόλα

viini

κρασί

olut

μπίρα

alkoholi

αλκοόλ

kaakao

κακάο

tee

τσάι

kahvi

καφές

espresso

εσπρέσο

cappuccino

καπουτσίνο

banaani

μπανάνα

omena

μήλο

appelsiini

πορτοκάλι

meloni

πεπόνι

sitruuna

λεμόνι

porkkana

καρότο

valkosipuli

σκόρδο

bambu

μπαμπού

sipuli

κρεμμύδι

sieni

μανιτάρι

pähkinät

ξηροί καρποί

spagetti

νουντλς

spagetti

μακαρόνια

riisi

ρύζι

salaatti

σαλάτα

ranskalaiset

πατατάκια

paistetut perunat

τηγανητές πατάτες

pitsa

πίτσα

hampurilainen

χάμπουργκερ

voileipä

σάντουιτς

leike

κοτολέτα

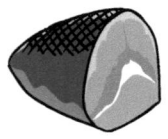

kinkku

ζαμπόν

salami

σαλάμι

makkara

λουκάνικο

kana

κοτόπουλο

paisti

ψητό

kala

ψάρι

kaurahiutaleet
χυλός βρώμης

mysli
μούσλι

murot
κορν φλέικς

jauho
αλεύρι

voisarvi
κρουασάν

sämpylä
ψωμάκι

leipä
ψωμί

paahtoleipä
τοστ

keksit
μπισκότα

voi
βούτυρο

rahka
τυρόπηγμα

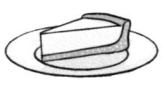

kakku
κέικ

kananmuna
αυγό

paistettu kananmuna
τηγανητό αυγό

juusto
τυρί

jäätelö

παγωτό

sokeri

ζάχαρη

hunaja

μέλι

hillo

μαρμελάδα

suklaapähkinälevite

άλλειμμα σοκολάτας

curry

κάρυ

maatila
αγρόκτημα

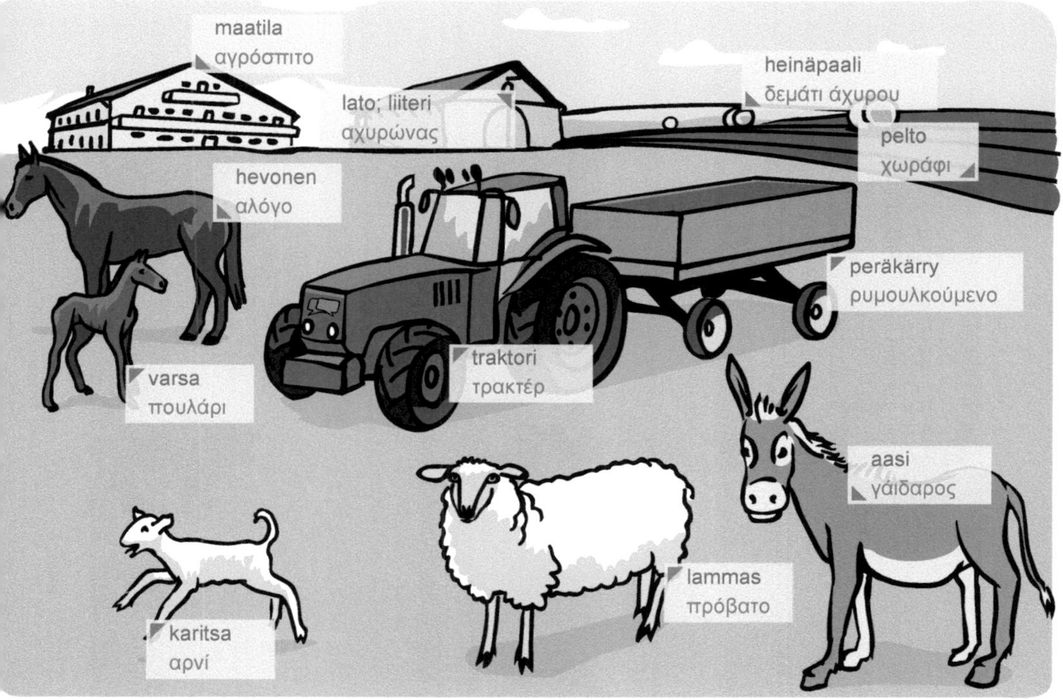

maatila
αγρόσπιτο
lato; liiteri
αχυρώνας
heinäpaali
δεμάτι άχυρου
pelto
χωράφι
hevonen
αλόγο
peräkärry
ρυμουλκούμενο
traktori
τρακτέρ
varsa
πουλάρι
aasi
γάιδαρος
lammas
πρόβατο
karitsa
αρνί

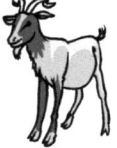

vuohi

κατσίκα

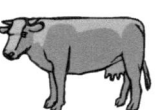

lehmä

αγελάδα

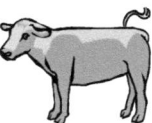

vasikka

μοσχαράκι

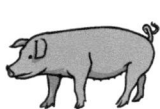

sika

γουρούνι

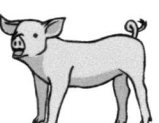

porsas

γουρουνάκι

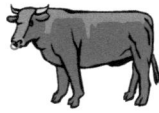

sonni

ταύρος

hanhi

χήνα

ankka

πάπια

tipu

κοτοπουλάκι

kana

κότα

kukko

κόκορας

rotta

αρουραίος

kissa

γάτα

hiiri

ποντίκι

härkä

βόδι

koira

σκύλος

koirankoppi

σπιτάκι σκύλου

puutarhaletku

λάστιχο κήπου

kastelukannu

ποτιστήρι

viikate

θεριστήρι

aura

αλέτρι

sirppi

δρεπάνι

kuokka

τσάπα

talikko

δίκρανο

kirves

τσεκούρι

kottikärryt

χειράμαξα

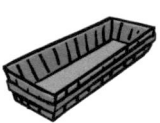

kaukalo

ταΐστρα

maitokannu

δοχείο γάλακτος

säkki

σάκος

aita

φράχτης

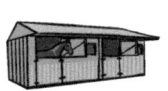

talli

στάβλος

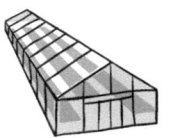

kasvihuone

θερμοκήπιο

maa

έδαφος

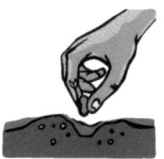

siemen

σπόρος

lannoite

λίπασμα

leikkuupuimuri

θεριζοαλωνιστική μηχανή

kerätä sato

θερίζω

sato

συγκομιδή

jamssit

γιαμς

vehnä

σιτάρι

soija

σόγια

peruna

πατάτα

maissi

καλαμπόκι

rypsi

κράμβη

hedelmäpuu

οπωροφόρο δέντρο

maniokki

μανιόκα

vilja

δημητριακά

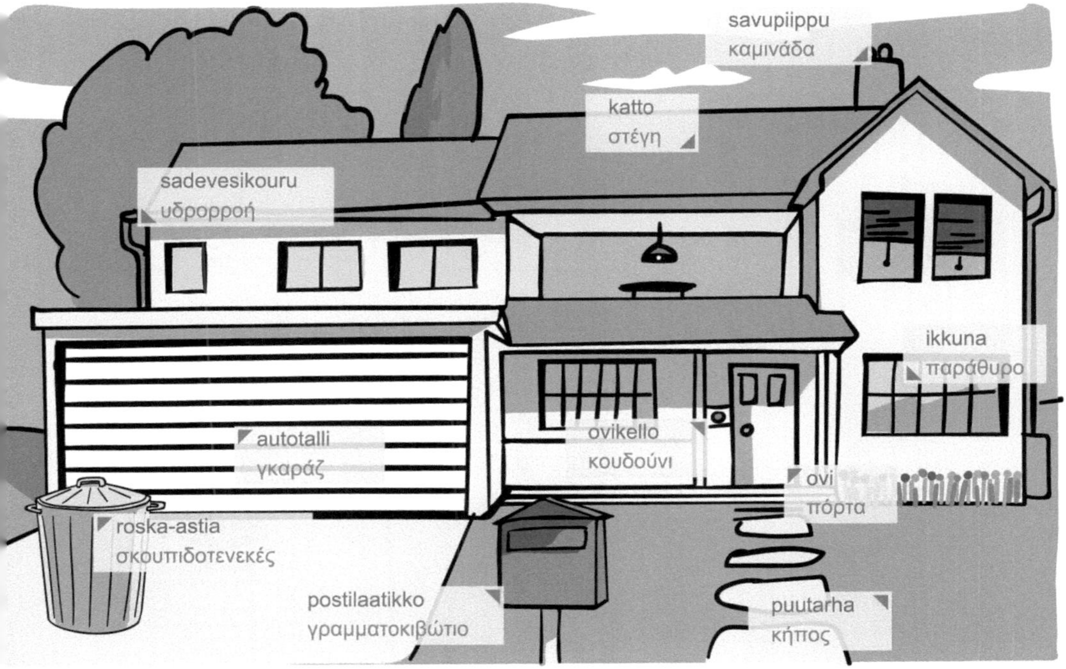

savupiippu
καμινάδα

katto
στέγη

sadevesikouru
υδρορροή

ikkuna
παράθυρο

autotalli
γκαράζ

ovikello
κουδούνι

ovi
πόρτα

roska-astia
σκουπιδοτενεκές

postilaatikko
γραμματοκιβώτιο

puutarha
κήπος

olohuone
σαλόνι

kylpyhuone
μπάνιο

keittiö
κουζίνα

makuuhuone
υπνοδωμάτιο

lastenhuone
παιδικό δωμάτιο

ruokahuone
τραπεζαρία

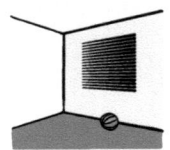

lattia

πάτωμα

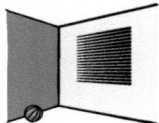

seinä

τοίχος

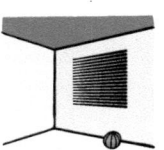

katto

οροφή

kellari

κελάρι

sauna

σάουνα

parveke

μπαλκόνι

terassi

βεράντα

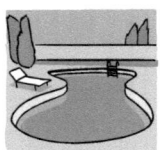

uima-allas

πισίνα

ruohonleikkuri

μηχανή του γκαζόν

lakana

σεντόνι

päiväpeitto

κάλυμμα κρεβατιού

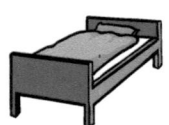

sänky

κρεβάτι

harja

σκούπα

ämpäri

κουβάς

katkaisin

διακόπτης

olohuone
σαλόνι

tapetti
ταπετσαρία
kuva
φωτογραφία
lamppu
λάμπα
hylly
ράφι
kaappi
ντουλάπι
televisio
τηλεόραση
takka
τζάκι
kukka
λουλούδι
tyyny
μαξιλάρι
sohva
καναπές
maljakko
βάζο
kaukosäädin
τηλεκοντρόλ

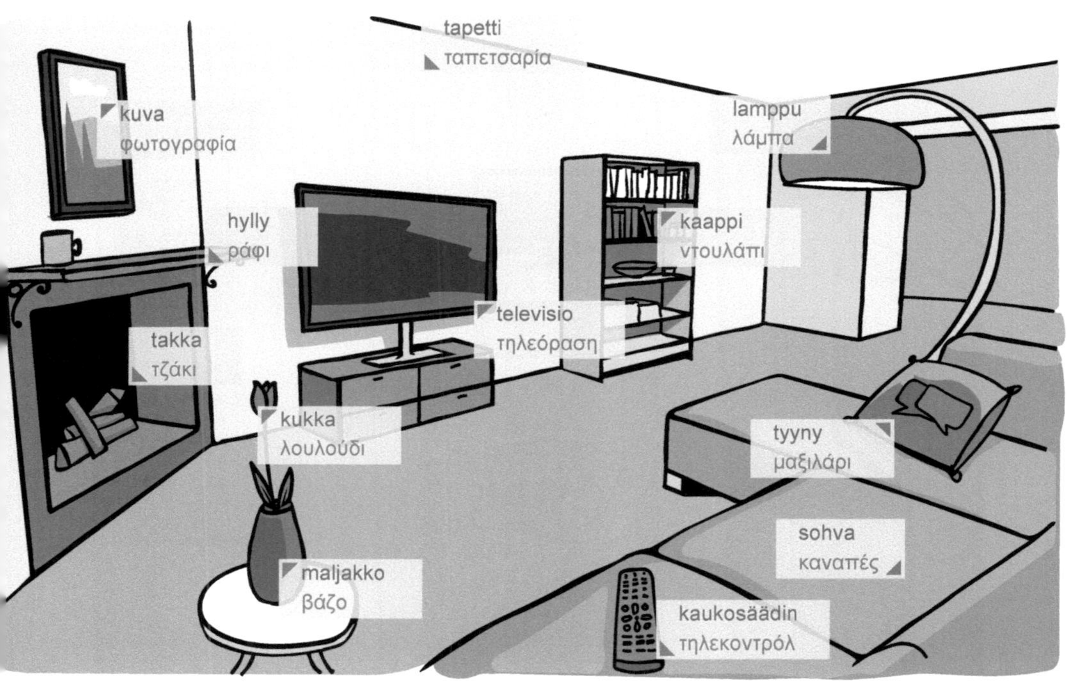

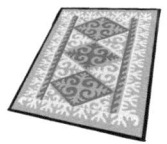

matto

χαλί

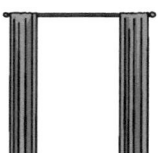

verho

κουρτίνα

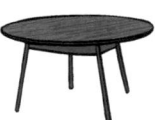

pöytä

τραπέζι

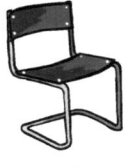

tuoli

καρέκλα

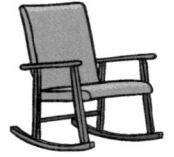

keinutuoli

κουνιστή πολυθρόνα

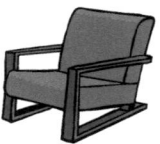

nojatuoli

πολυθρόνα

kirja

βιβλίο

peitto

κουβέρτα

koriste

διακόσμηση

polttopuut

καυσόξυλα

elokuva

ταινία

stereot

στερεοφωνικό σύστημα

avain

κλειδί

sanomalehti

εφημερίδα

maalaus

πίνακας ζωγραφικής

juliste

αφίσα

radio

ραδιόφωνο

muistivihko

σημειωματάριο

pölynimuri

ηλεκτρική σκούπα

kaktus

κάκτος

kynttilä

κερί

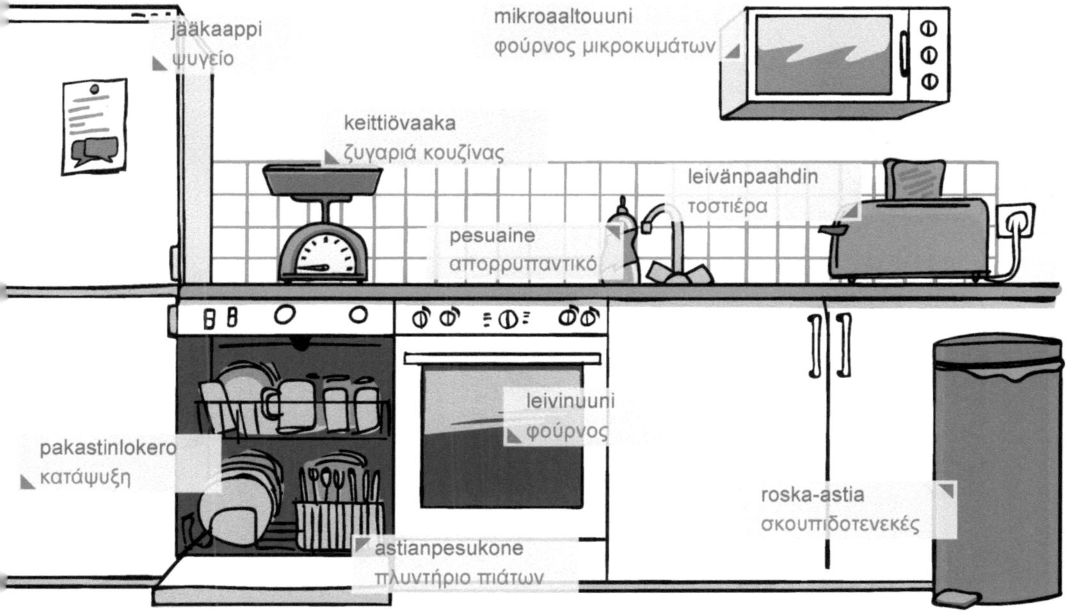

jääkaappi
ψυγείο

mikroaaltouuni
φούρνος μικροκυμάτων

keittiövaaka
ζυγαριά κουζίνας

leivänpaahdin
τοστιέρα

pesuaine
απορρυπαντικό

leivinuuni
φούρνος

pakastinlokero
κατάψυξη

roska-astia
σκουπιδοτενεκές

astianpesukone
πλυντήριο πιάτων

liesi
....
κουζίνα

kattila
....
κατσαρόλα

rautapata
....
μαντεμένια κατσαρόλα

vokkipannu / kadai-pannu
....
γουόκ/καντάι

paistinpannu
....
τηγάνι

teepannu
....
βραστήρας

höyrykeitin

ατμομάγειρας

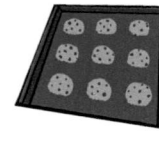

uunipelti

ταψί

astiat

πιατικά

muki

κούπα

kulho

μπολ

syömäpuikot

ξυλάκια

kauha

κουτάλα

paistinlasta

σπάτουλα

vispilä

ανακατεύω

siivilä

σουρωτήρι

siivilä

σουρωτηράκι

raastin

τρίφτης

mortteli

γουδί

grilli

ψησταριά

avotuli

ανοιχτή φωτιά

leikkuulauta
σανίδα κοπής

kaulin
πλάστης

korkinavaaja
ανοιχτήρι φελλών

purkki
κονσέρβα

purkinavaaja
ανοιχτήρι κονσέρβας

pannulappu
γάντι φούρνου

lavuaari
νεροχύτης

tiskiharja
βούρτσα

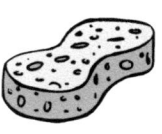

pesusieni
σφουγγάρι

tehosekoitin
μπλέντερ

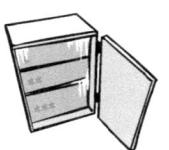

pakastin
καταψύκτης

tuttipullo
μπιμπερό

vesihana
βρύση

kylpyhuone
μπάνιο

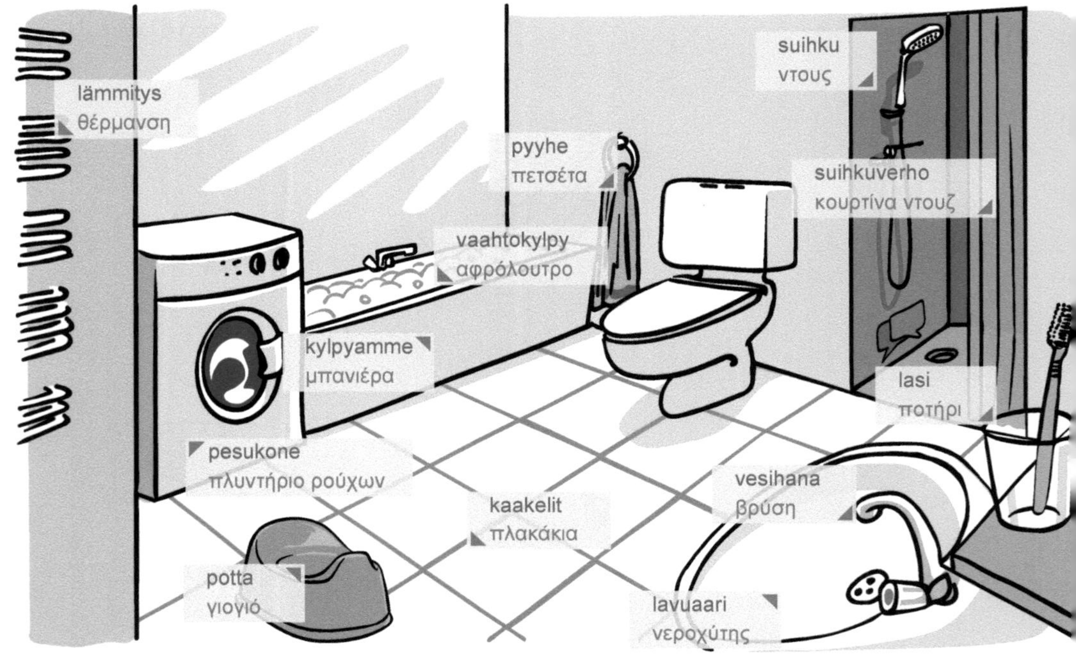

lämmitys
θέρμανση
pyyhe
πετσέτα
suihku
ντους
suihkuverho
κουρτίνα ντουζ
vaahtokylpy
αφρόλουτρο
kylpyamme
μπανιέρα
lasi
ποτήρι
pesukone
πλυντήριο ρούχων
vesihana
βρύση
kaakelit
πλακάκια
potta
γιογιό
lavuaari
νεροχύτης

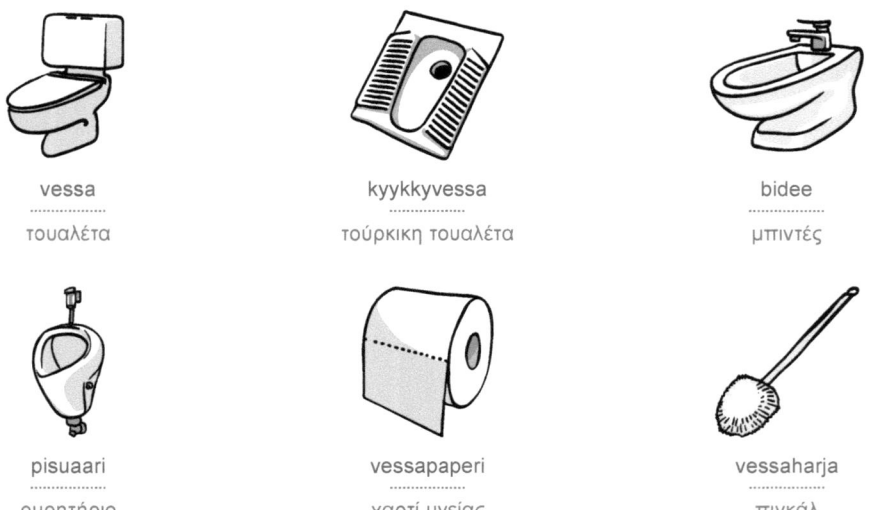

vessa
τουαλέτα

kyykkyvessa
τούρκικη τουαλέτα

bidee
μπιντές

pisuaari
ουρητήριο

vessapaperi
χαρτί υγείας

vessaharja
πιγκάλ

hammasharja

οδοντόβουρτσα

hammastahna

οδοντόκρεμα

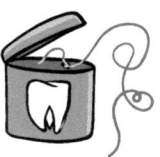

hammaslanka

οδοντικό νήμα

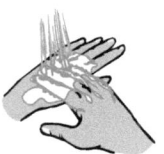

pestä

πλένω

käsisuihku

τηλέφωνο ντους

intiimisuihku

ντουσιέρα

pesuvati

λεκάνη

selkäharja

βούρτσα πλάτης

saippua

σαπούνι

suihkugeeli

αφρόλουτρο

shampoo

σαμπουάν

pesulappu

φανέλα

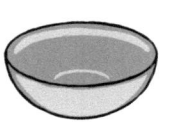

viemäri

σιφόνι

voide

κρέμα

deodorantti

αποσμητικό

peili

καθρέφτης

käsipeili

καθρέφτης χειρός

partaveitsi

ξυραφάκι

partavaahto

αφρός ξυρίσματος

partavesi

αφτερσέιβ

kampa

χτένα

harja

βούρτσα

hiustenkuivaaja

σεσουάρ

hiuslakka

λακ

meikki

μακιγιάζ

huulipuna

κραγιόν

kynsilakka

βερνίκι νυχιών

pumpuli

βαμβάκι

kynsisakset

ψαλίδι νυχιών

hajuvesi

άρωμα

kosmetiikkalaukku

νεσεσέρ

jakkara

σκαμπό

vaaka

ζυγαριά

kylpytakki

μπουρνούζι

kumihansikkaat

ελαστικά γάντια

tamponi

ταμπόν

terveysside

πετσέτα υγιεινής

kemiallinen wc

χημική τουαλέτα

lastenhuone

παιδικό δωμάτιο

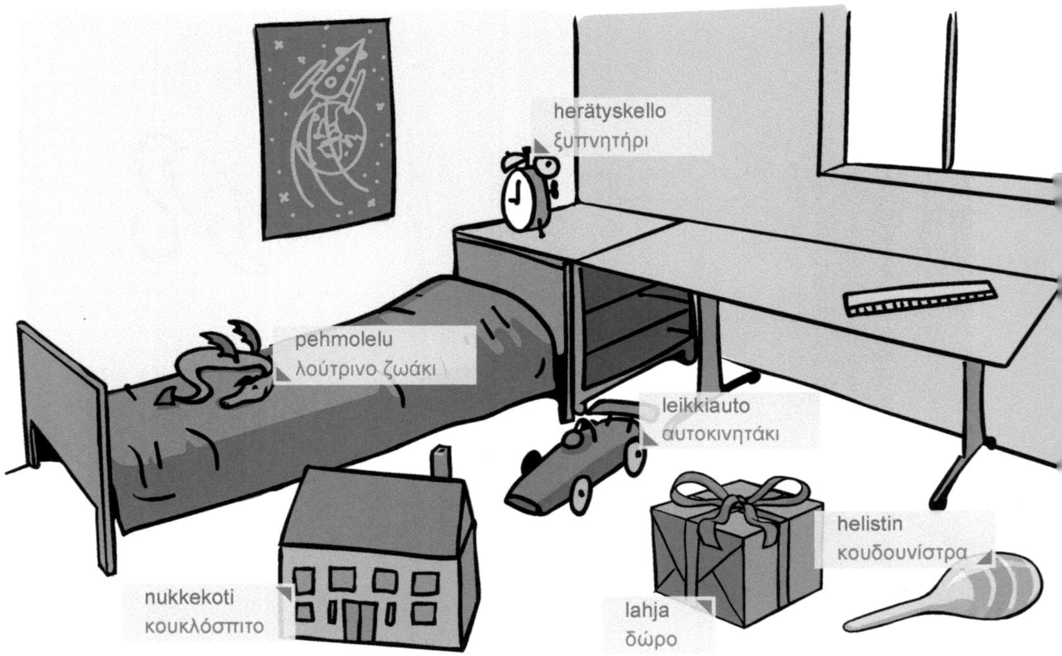

herätyskello
ξυπνητήρι
pehmolelu
λούτρινο ζωάκι
leikkiauto
αυτοκινητάκι
helistin
κουδουνίστρα
nukkekoti
κουκλόσπιτο
lahja
δώρο

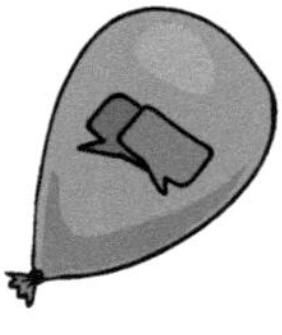

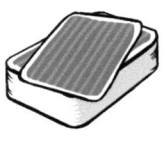

ilmapallo

μπαλόνι

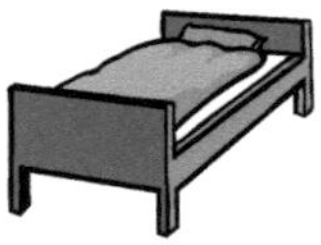

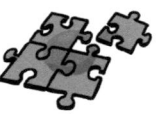

sänky

κρεβάτι

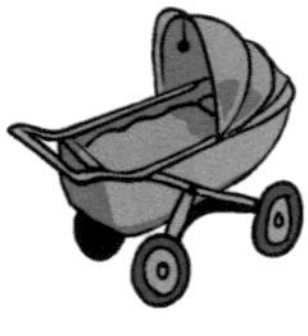

lastenvaunut

καροτσάκι

korttipeli

τράπουλα

palapeli

παζλ

SUPER MEGA

sarjakuva

κόμικς

legopalikat

τουβλάκια lego

rakennuspalikat

τουβλάκια κατασκευών

supersankari

φιγούρα δράσης

potkupuku

βρεφικό φορμάκι

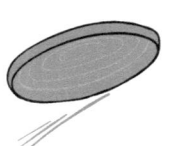

frisbee

φρίσμπι

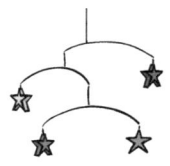

mobile

μόμπιλο

lautapeli

επιτραπέζιο παιχνίδι

noppa

ζάρια

pienoisjunarata

σετ τρενάκι

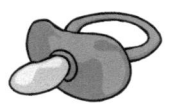

tutti

πιπίλα

juhlat

πάρτι

kuvakirja

εικονογραφημένο βιβλίο

pallo

μπάλα

nukke

κούκλα

leikkiä

παίζω

hiekkalaatikko

σκάμμα με άμμο

keinu

κούνια

lelut

παιχνίδια

pelikonsoli

κονσόλα βιντεοπαιχνιδιών

kolmipyörä

τρίκυκλο

nalle

αρκουδάκι

vaatekaappi

ντουλάπα

vaatteet

ρούχα

sukat

κάλτσες

nylonsukat

καλτσοδέτες

sukkahousut

καλσόν

kaulaliina
κασκόλ

sateenvarjo
ομπρέλα

t-paita
μπλουζάκι

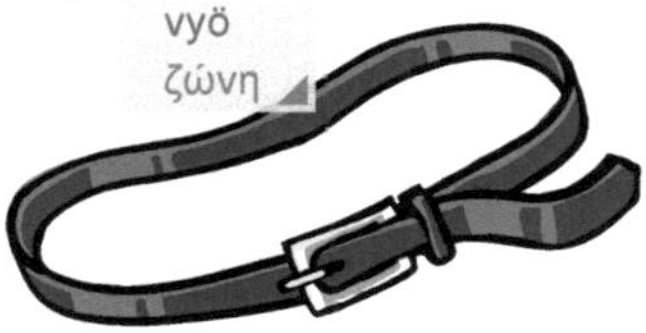

vyö
ζώνη

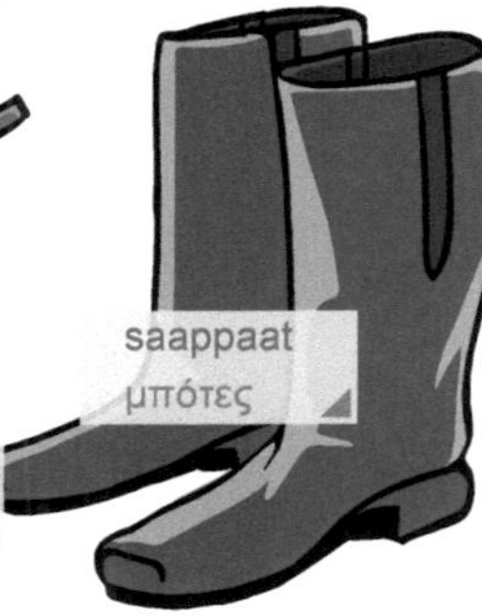

saappaat
μπότες

sisätossut
παντόφλες

lenkkarit
αθλητικά παπούτσια

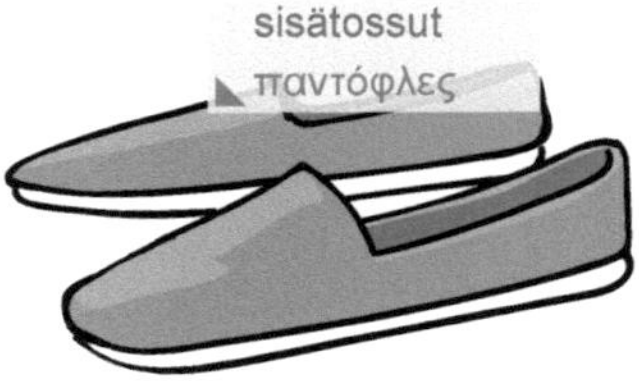

sandaalit
σανδάλια

kengät
παπούτσια

kumisaappaat
γαλότσες

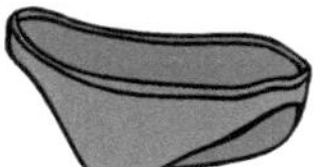

alushousut
εσώρουχο

rintaliivit
σουτιέν

aluspaita
φανέλα

body

σώμα

housut

παντελόνι

farkut

τζιν παντελόνι

hame

φούστα

pusero

μπλούζα

paita

πουκάμισο

villapaita

πουλόβερ

collegepaita

πουλόβερ

jakku

σακάκι

takki

μπουφάν

takki

παλτό

sadetakki

αδιάβροχο πανωφόρι

puku

κοστούμι

mekko

φόρεμα

hääpuku

νυφικό

puku

κοστούμι

yöpaita

νυχτικό

pyjama

πιτζάμες

shari

σάρι

päähuivi

μαντήλι

turbaani

τουρμπάνι

burka

μπούρκα

kaftaani

καφτάνι

abaya

μουσουλμανικό ένδυμα

uimapuku

ολόσωμο μαγιό

uimahousut

ανδρικό μαγιό

shortsit

σορτς

verkkarit

αθλητική φόρμα

esiliina

ποδιά

käsineet

γάντια

nappi

κουμπί

silmälasit

γυαλιά

rannekoru

βραχιόλι

kaulakoru

περιδέραιο

sormus

δαχτυλίδι

korvakoru

σκουλαρίκι

lippalakki

καπέλο

ripustin

κρεμάστρα

hattu

καπέλο

solmio

γραβάτα

vetoketju

φερμουάρ

kypärä

κράνος

henkselit

τιράντες

koulupuku

μαθητική στολή

univormu

στολή

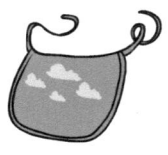

ruokalappu

σαλιάρα

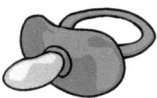

tutti

πιπίλα

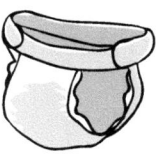

vaippa

πάνα

toimisto
γραφείο

palvelin
σέρβερ
asiakirjakaappi
αρχειοθήκη
tulostin
εκτυπωτής
paperi
χαρτί
näyttö
οθόνη
kirjoituspöytä
γραφείο
hiiri
ποντίκι
kansio
ντοσιέ
näppäimistö
πληκτρολόγιο
roskakori
καλάθι αχρήστων
tietokone
υπολογιστής
tuoli
καρέκλα

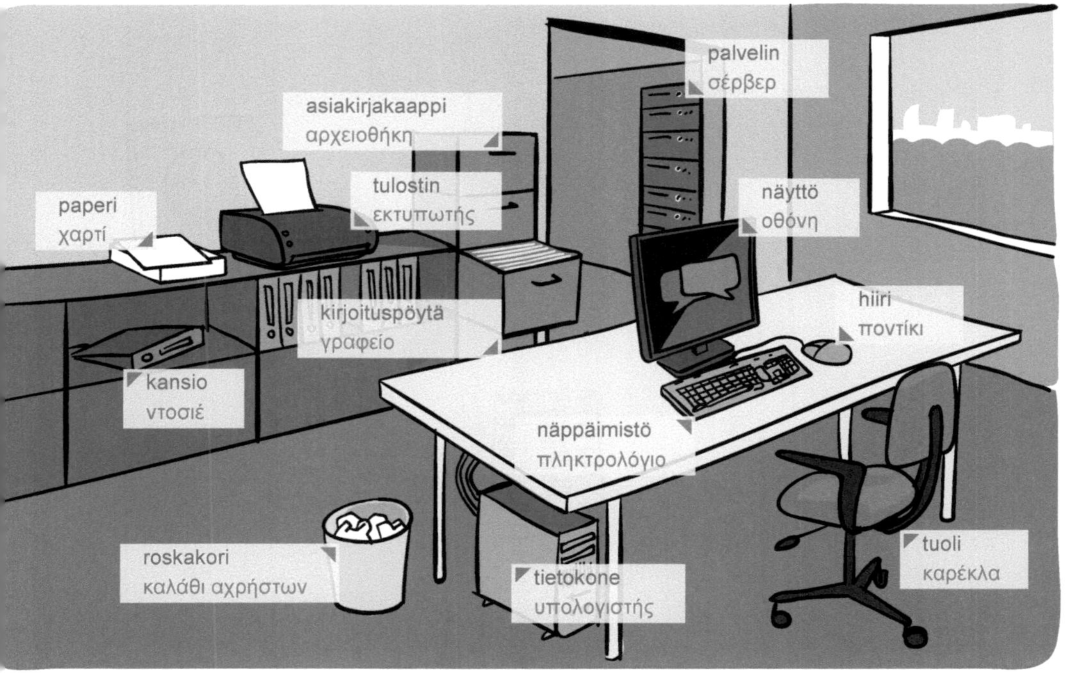

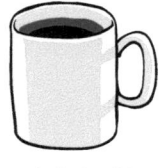

kahvimuki

κούπα του καφέ

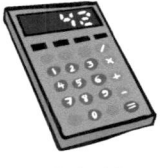

taskulaskin

κομπιουτεράκι

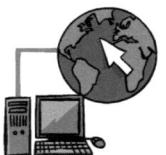

internet

ίντερνετ

kannettava tietokone

λάπτοπ

kirje

γράμμα

viesti

μήνυμα

kännykkä

κινητό

verkko

δίκτυο

kopiokone

φωτοτυπικό μηχάνημα

ohjelmisto

λογισμικό

puhelin

τηλέφωνο

pistorasia

πρίζα

faksi

συσκευή φαξ

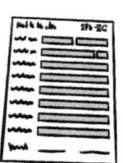

lomake

έντυπο

asiakirja

έγγραφο

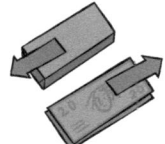

ostaa

αγοράζω

maksaa

πληρώνω

vaihtaa

συναλλάσσομαι

raha

χρήματα

 USD

dollari

δολάριο

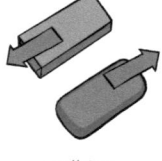 EUR

euro

ευρώ

 JPY

jeni

γιεν

 RUB

rupla

ρούβλι

 CHF

frangi

ελβετικό φράγκο

 CNY

renminbi juan

ρενμίνμπι γιουάν

 INR

rupia

ρουπία

pankkiautomaatti

ATM (αυτόματη ταμειακή μηχανή)

rahanvaihto

ανταλλακτήρια συναλλάγματος

kulta

χρυσός

hopea

ασήμι

öljy

πετρέλαιο

energia

ενέργεια

hinta

τιμή

sopimus

συμβόλαιο

vero

φόρος

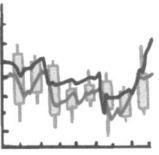

osake

μετοχή

työskennellä

δουλεύω

työntekijä

υπάλληλος

työnantaja

εργοδότης

tehdas

εργοστάσιο

liike

κατάστημα

ammatit
επαγγέλματα

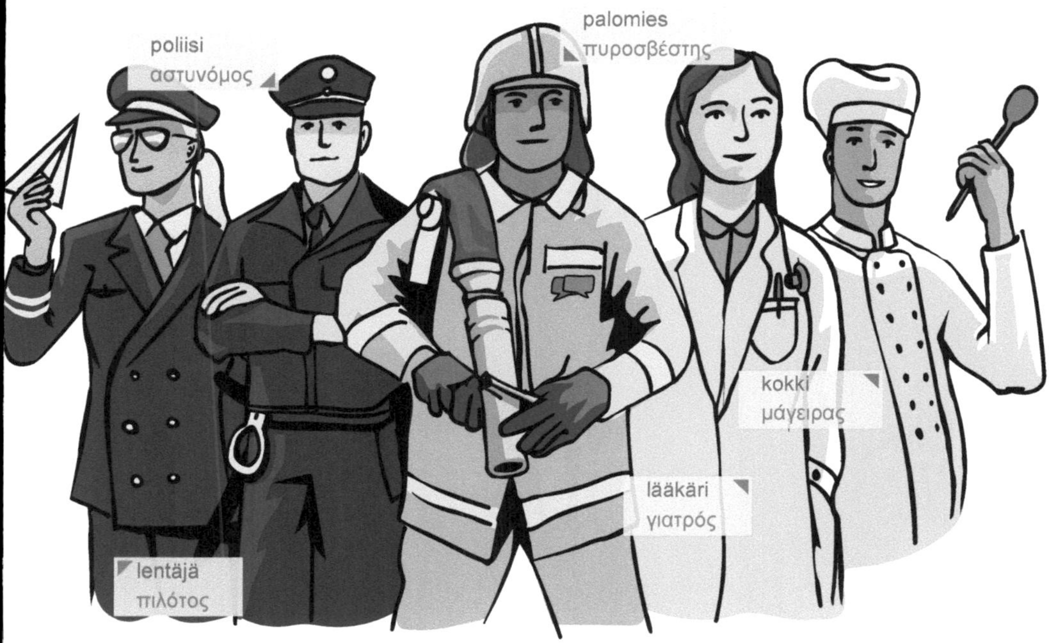
poliisi
αστυνόμος
palomies
πυροσβέστης
kokki
μάγειρας
lääkäri
γιατρός
lentäjä
πιλότος

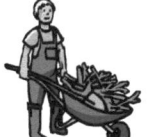

puutarhuri

κηπουρός

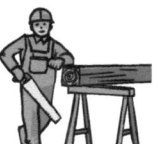

puuseppä

ξυλουργός

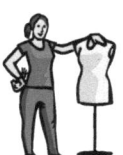

ompelija

μοδίστρα

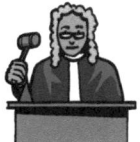

tuomari

δικαστής

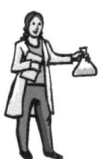

kemisti

χημικός

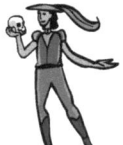

näyttelijä

ηθοποιός

linja-autonkuljettaja

οδηγός λεωφορείου

taksinkuljettaja

ταξιτζής

kalastaja

ψαράς

siivooja

καθαρίστρια

katontekijä

τεχνίτης στεγών

tarjoilija

σερβιτόρος

metsästäjä

κυνηγός

maalari

ζωγράφος

leipuri

αρτοποιός

sähköasentaja

ηλεκτρολόγος

rakentaja

οικοδόμος

insinööri

μηχανολόγος

teurastaja

κρεοπώλης

putkiasentaja

υδραυλικός

postinjakaja

ταχυδρόμος

sotilas

στρατιώτης

arkkitehti

αρχιτέκτονας

kassanhoitaja

ταμίας

floristi

ανθοπώλης

kampaaja

κομμωτής

konduktööri

ελεγκτής εισιτηρίων

mekaanikko

μηχανικός

kapteeni

καπετάνιος

hammaslääkäri

οδοντίατρος

tiedemies

επιστήμονας

rabbi

ραβίνος

imaami

ιμάμης

munkki

μοναχός

pappi

ιερέας

työkalut
εργαλεία

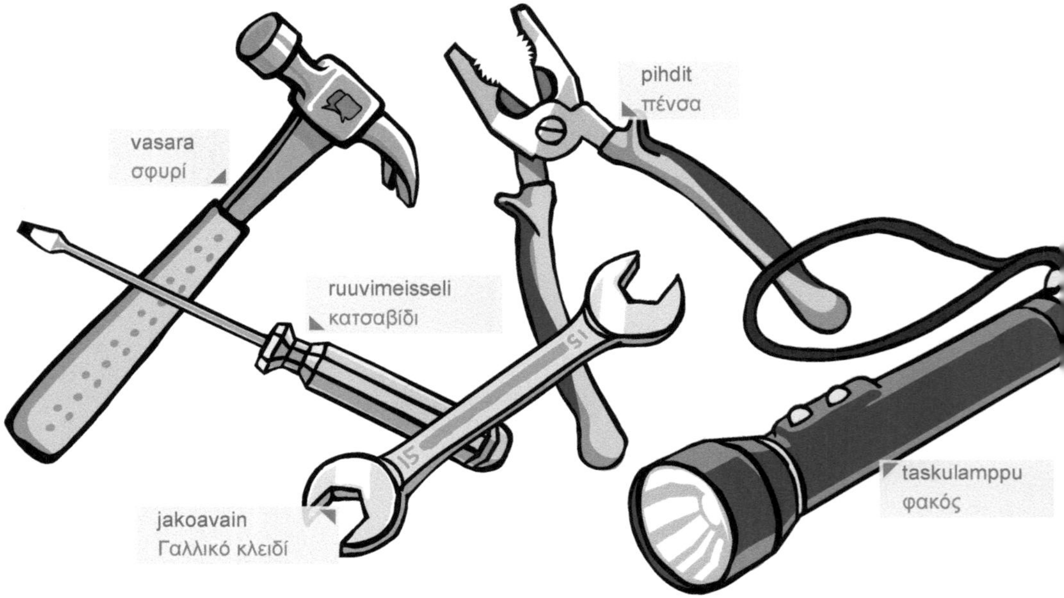

pihdit
πένσα
vasara
σφυρί
ruuvimeisseli
κατσαβίδι
taskulamppu
φακός
jakoavain
Γαλλικό κλειδί

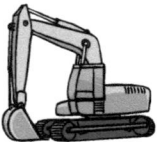

kaivinkone

εκσκαφέας

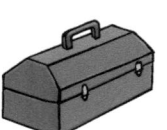

työkalupakki

εργαλειοθήκη

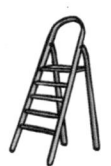

tikkaat

σκάλα

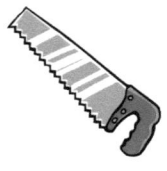

saha

πριόνι

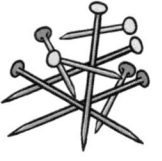

naulat

καρφιά

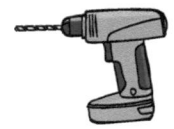

pora

τρυπάνι

korjata

επισκευάζω

lapio

φτυάρι

Hitto!

Να πάρει!

rikkalapio

φαράσι

maalipurkki

δοχείο χρωμάτων

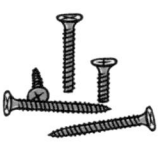

ruuvit

βίδες

soittimet
μουσικά όργανα

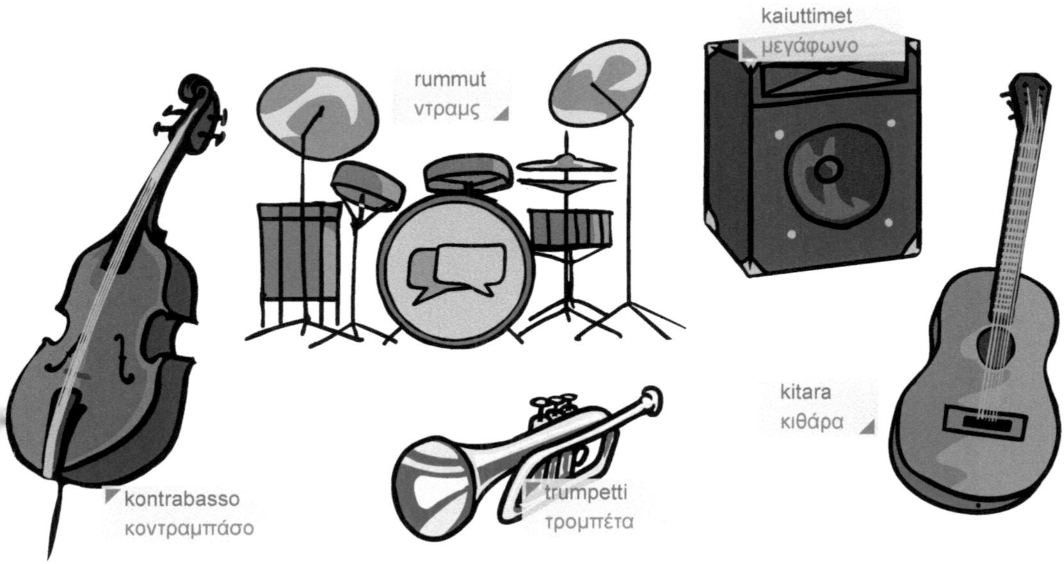

rummut
ντραμς ◢

kaiuttimet
μεγάφωνο

▼ kontrabasso
κοντραμπάσο

trumpetti
τρομπέτα

kitara
κιθάρα ◢

piano

πιάνο

viulu

βιολί

basso

μπάσο

patarummut

τύμπανα

rumpu

τύμπανο

kosketinsoitin

πλήκτρα

saksofoni

σαξόφωνο

huilu

φλάουτο

mikrofoni

μικρόφωνο

eläintarha
ζωολογικός κήπος

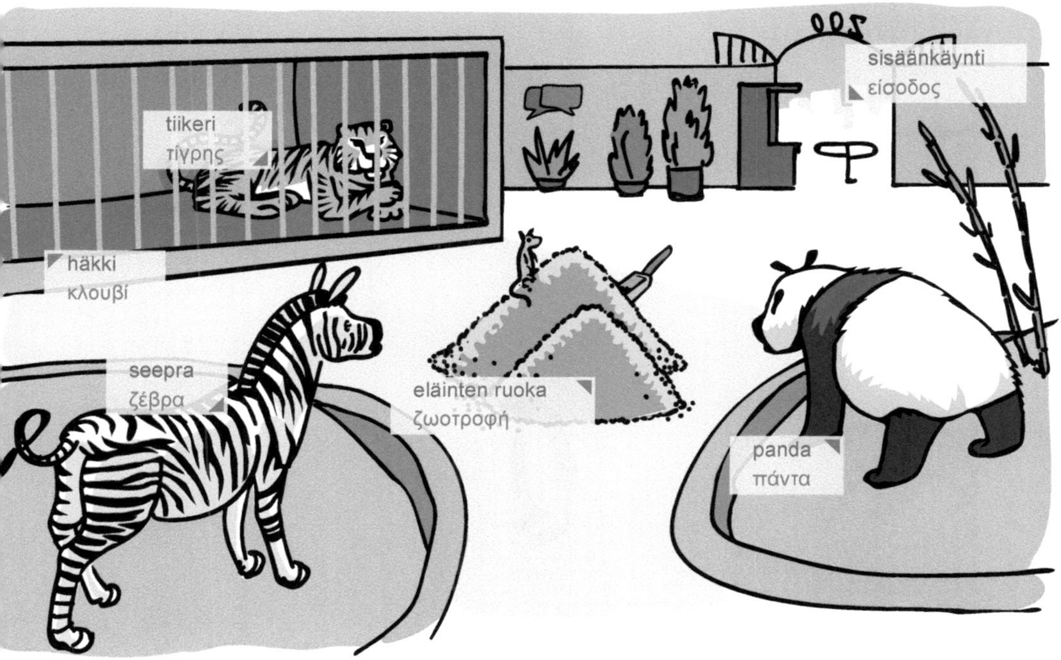
sisäänkäynti
είσοδος
tiikeri
τίγρης
häkki
κλουβί
seepra
ζέβρα
eläinten ruoka
ζωοτροφή
panda
πάντα

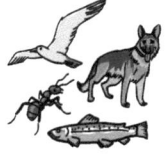

eläimet

ζώα

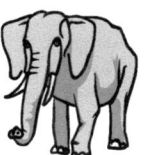

norsu

ελέφαντας

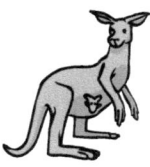

kenguru

καγκουρό

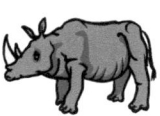

sarvikuono

ρινόκερος

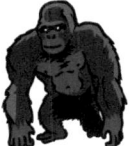

gorilla

γορίλας

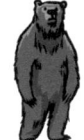

karhu

αρκούδα

kameli

καμήλα

strutsi

στρουθοκάμηλος

leijona

λιοντάρι

apina

πίθηκος

flamingo

φλαμίνγκο

papukaija

παπαγάλος

jääkarhu

πολική αρκούδα

pingviini

πιγκουίνος

hai

καρχαρίας

riikinkukko

παγώνι

käärme

φίδι

krokotiili

κροκόδειλος

eläintarhanhoitaja

φύλακας ζωολογικού κήπου

hylje

φώκια

jaguaari

τζάγκουαρ

poni

πόνυ

leopardi

λεοπάρδαλη

virtahepo

ιπποπόταμος

kirahvi

καμηλοπάρδαλη

kotka

αετός

villisika

αγριογούρουνο

kala

ψάρι

kilpikonna

χελώνα

mursu

θαλάσσιος ίππος

kettu

αλεπού

gaselli

γαζέλα

amerikkalainen jalkapallo
Αμερικάνικο ποδόσφαιρο

pyöräily
ποδηλασία

tennis
αντισφαίριση

koripallo
μπάσκετ

uinti
κολύμβηση

nyrkkeily
πυγχαμία

jääkiekko
χόκεϋ επί πάγου

jalkapallo

ποδόσφαιρο

sulkapallo

μπάντμιντον

yleisurheilu

στίβος

käsipallo

χάντμπολ

hiihto

σκι

poolo

πόλο

aktiviteetit
δραστηριότητες

nauraa
γελάω
hypätä
πηδάω
halata
αγκαλιάζω
kävellä
περπατάω
laulaa
τραγουδάω
unelmoida
ονειρεύομαι
rukoilla
προσεύχομαι
suudella
φιλάω

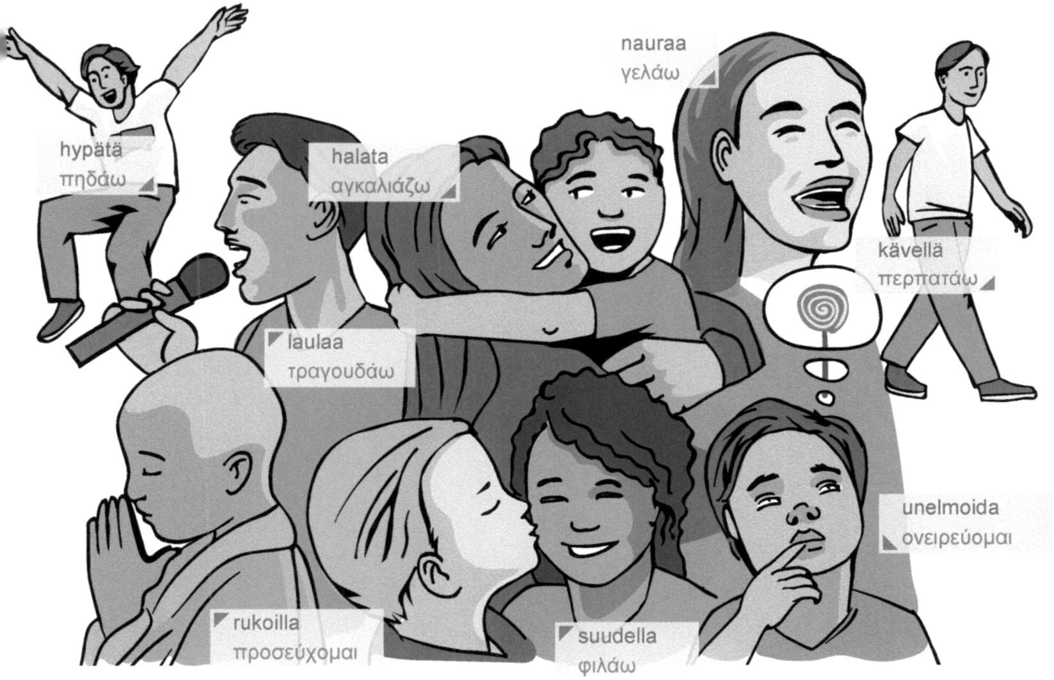

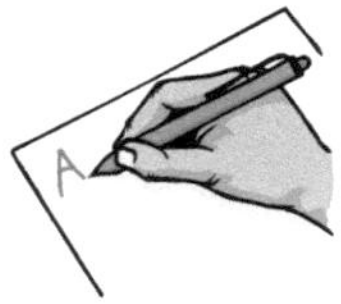

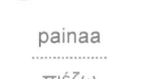

kirjoittaa

γράφω

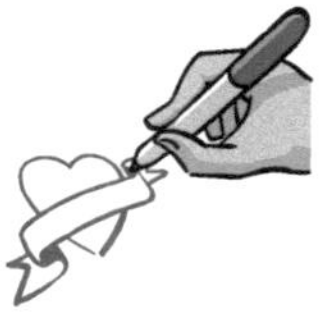

piirtää

σχεδιάζω

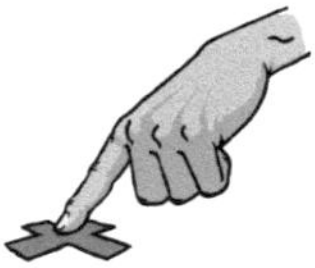

näyttää

δείχνω

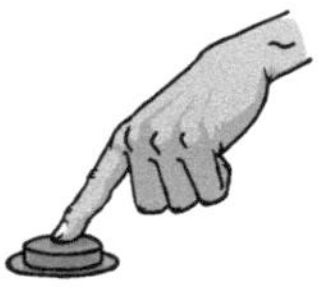

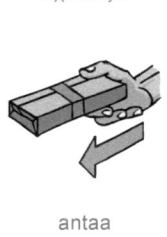

painaa

πιέζω

antaa

δίνω

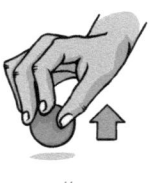

ottaa

παίρνω

omistaa

έχω

tehdä

κάνω

olla

είμαι

seisoa

στέκομαι

juosta

τρέχω

vetää

τραβάω

heittää

ρίχνω

kaatua

πέφτω

maata

ξαπλώνω

odottaa

περιμένω

kantaa

κουβαλώ

istua

κάθομαι

pukeutua

φοράω

nukkua

κοιμάμαι

herätä

ξυπνάω

katsoa
κοιτάω

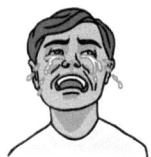

itkeä
κλαίω

silittää
χαϊδεύω

kammata
χτενίζω

puhua
μιλάω

ymmärtää
καταλαβαίνω

kysyä
ρωτάω

kuunnella
ακούω

juoda
πίνω

syödä
τρώω

siivota
συγυρίζω

rakastaa
αγαπάω

keittää
μαγειρεύω

ajaa
οδηγώ

lentää
πετάω

purjehtia

κάνω ιστιοπλοΐα

laskea

υπολογίζω

lukea

διαβάζω

oppia

μαθαίνω

työskennellä

δουλεύω

mennä naimisiin

παντρεύομαι

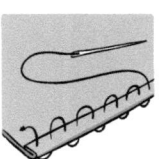

ommella

ράβω

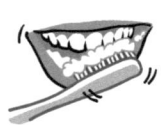

pestä hampaat

βουρτσίζω τα δόντια

tappaa

σκοτώνω

tupakoida

καπνίζω

lähettää

στέλνω

perhe
οικογένεια

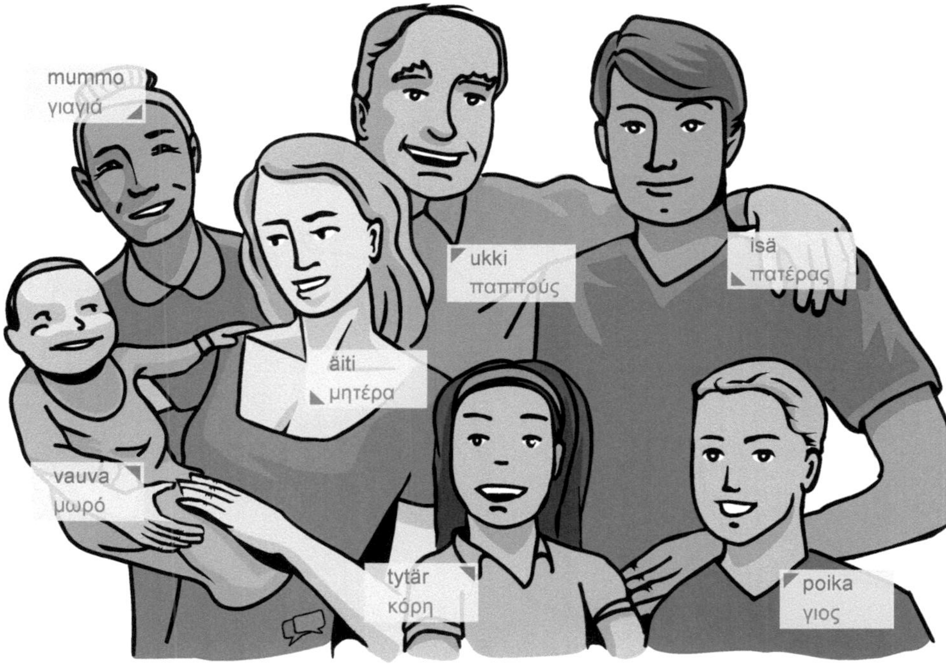
mummo
γιαγιά
ukki
παππούς
isä
πατέρας
äiti
μητέρα
vauva
μωρό
tytär
κόρη
poika
γιος

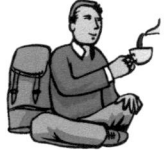

vieras
....
καλεσμένος

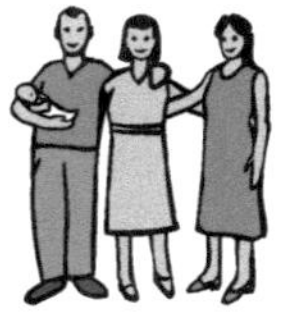

täti
....
θεία

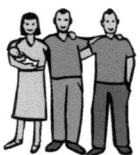

setä
....
θείος

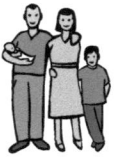

veli
....
αδελφός

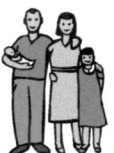

sisko
....
αδελφή

vartalo

σώμα

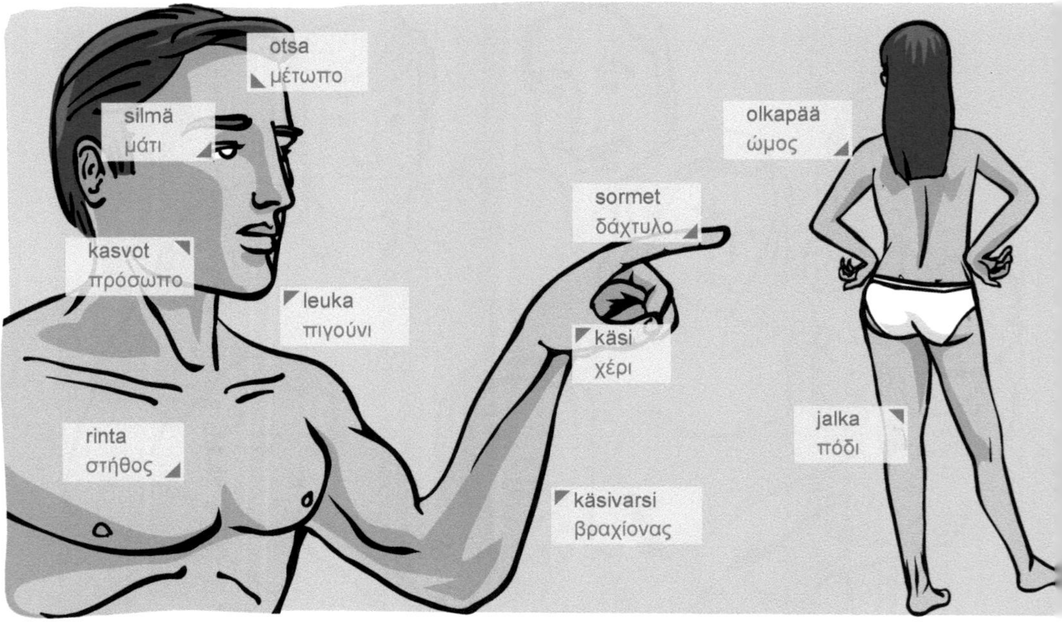
otsa
μέτωπο
silmä
μάτι
olkapää
ώμος
sormet
δάχτυλο
kasvot
πρόσωπο
leuka
πιγούνι
käsi
χέρι
jalka
πόδι
rinta
στήθος
käsivarsi
βραχίονας

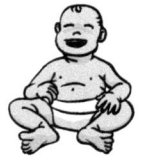

vauva

μωρό

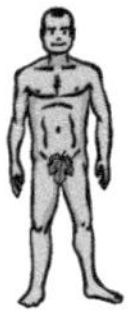

mies

άνδρας

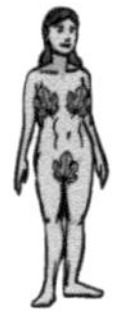

nainen

γυναίκα

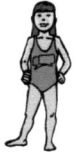

tyttö

κορίτσι

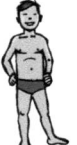

poika

αγόρι

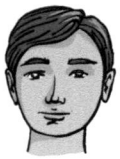

pää

κεφάλι

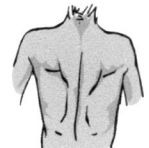

selkä

πλάτη

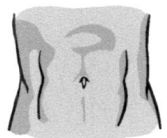

maha

κοιλιά

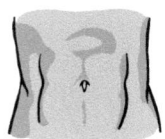

napa

αφαλός

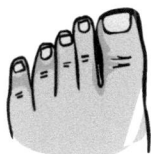

varvas

δάχτυλο ποδιού

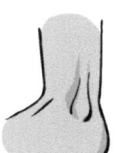

kantapää

φτέρνα

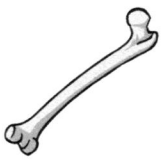

luu

κόκκαλο

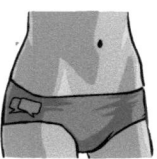

lantio

γοφός

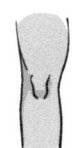

polvi

γόνατο

kyynärpää

αγκώνας

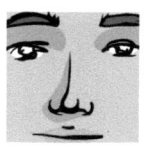

nenä

μύτη

takapuoli

γλουτός

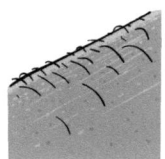

iho

δέρμα

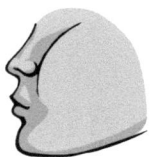

poski

μάγουλο

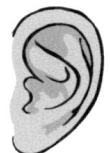

korva

αυτί

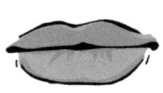

huuli

χείλος

vartalo - σώμα

suu

στόμα

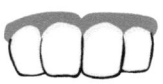

hammas

δόντι

kieli

γλώσσα

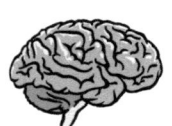

aivot

εγκέφαλος

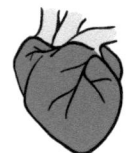

sydän

καρδιά

lihas

μυς

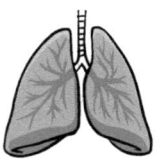

keuhkot

πνεύμονας

maksa

συκώτι

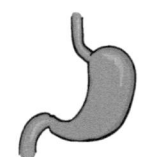

vatsa

στομάχι

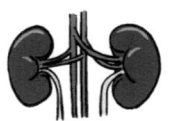

munuaiset

νεφρά

seksi

σεξουαλική επαφή

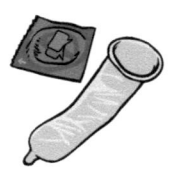

kondomi

προφυλακτικό

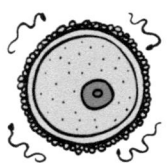

munasolu

ωάριο

sperma

σπέρμα

raskaus

εγκυμοσύνη

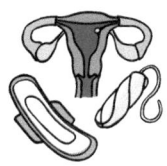

kuukautiset

περίοδος

vagina

γυναικείος κόλπος

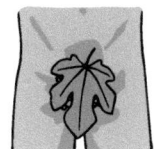

penis

πέος

kulmakarvat

φρύδι

hiukset

μαλλιά

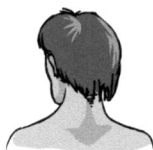

niska

λαιμός

sairaala
νοσοκομείο

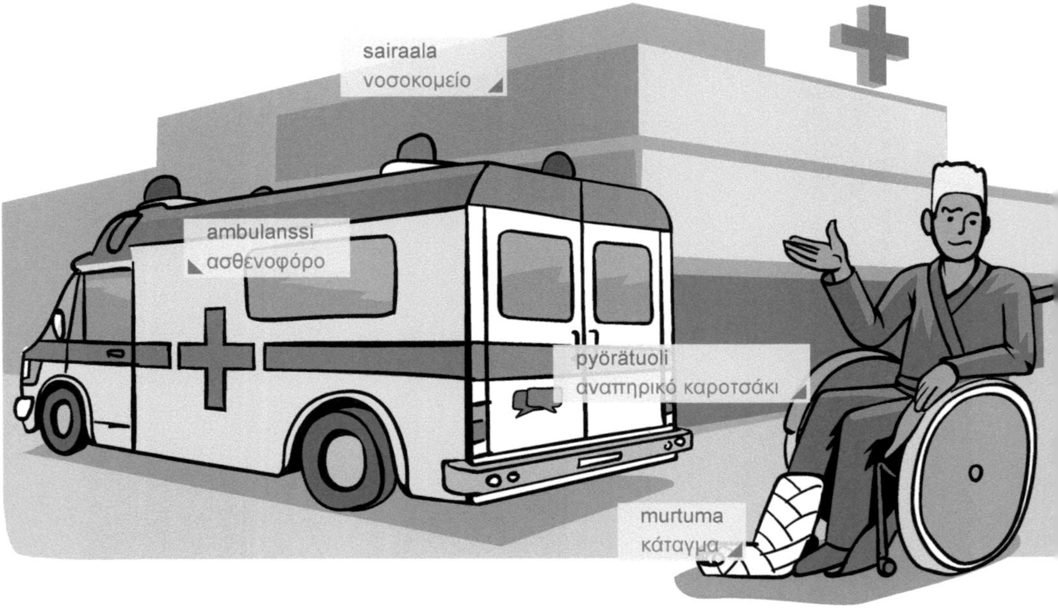

sairaala
νοσοκομείο
ambulanssi
ασθενοφόρο
pyörätuoli
αναπηρικό καροτσάκι
murtuma
κάταγμα

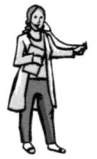

lääkäri

γιατρός

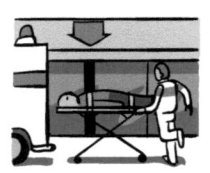

ensiapu

μονάδα εντατικής θεραπείας

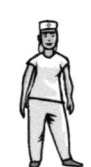

sairaanhoitaja

νοσοκόμα

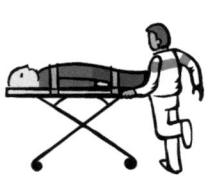

hätätilanne

έκτακτη ανάγκη

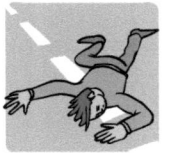

tajuton

λιπόθυμος

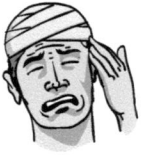

kipu

πόνος

vamma

τραύμα

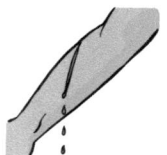

verenvuoto

αιμορραγία

sydänkohtaus

έμφραγμα

aivoinfarkti

εγκεφαλικό

allergia

αλλεργία

yskä

βήχας

kuume

πυρετός

flunssa

γρίπη

ripuli

διάρροια

päänsärky

πονοκέφαλος

syöpä

καρκίνος

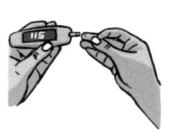

diabetes

διαβήτης

kirurgi

χειρουργός

veitsi

νυστέρι

leikkaus

εγχείρηση

ct

αξονική τομογραφία

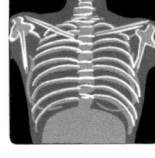

röntgen

ακτινογραφία

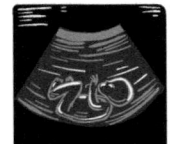

ultraääni

υπέρηχος

maski

μάσκα

sairaus

ασθένεια

odotushuone

αίθουσα αναμονής

sauva

πατερίτσα

laastari

χάνσαπλαστ

side

επίδεσμος

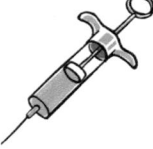

pistos

ένεση

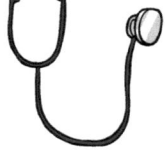

stetoskooppi

στηθοσκόπιο

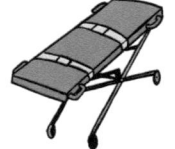

paarit

φορείο

kuumemittari

θερμόμετρο

syntymä

γέννηση

ylipaino

υπέρβαρο

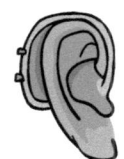

kuulolaite

ακουστικό βαρηκοΐας

desinfiointiaine

αντισηπτικό

infektio

λοίμωξη

virus

ιός

HIV / AIDS

HIV/AIDS

lääke

φάρμακο

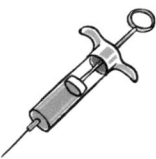

rokotus

εμβολιασμός

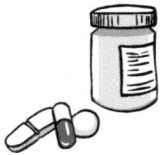

tabletit

δισκία

pilleri

χάπι

hätäpuhelu

κλήση έκτακτης ανάγκης

verenpainemittari

πιεσόμετρο αίματος

sairas / terve

άρρωστος / υγιής

Apua!

Βοήθεια!

hälytys

συναγερμός

ryöstö

βιαιοπραγία

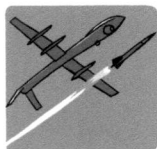

hyökkäys

επίθεση

vaara

κίνδυνος

hätäuloskäynti

έξοδος κινδύνου

Tulipalo!

Φωτιά!

palosammutin

πυροσβεστήρας

onnettomuus

ατύχημα

ensiapulaukku

κουτί πρώτων βοηθειών

SOS

SOS

poliisilaitos

αστυνομία

Eurooppa

Ευρώπη

Pohjois-Amerikka

Βόρεια Αμερική

Etelä-Amerikka

Νότια Αμερική

Afrikka

Αφρική

Aasia

Ασία

Australia

Αυστραλία

Atlantin valtameri

Ατλαντικός Ωκεανός

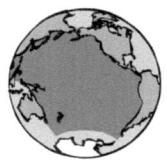

Tyynimeri

Ειρηνικός Ωκεανός

Intian valtameri

Ινδικός Ωκεανός

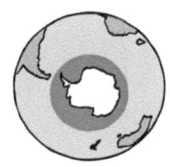

Eteläinen jäämeri

Ανταρκτικός Ωκεανός

Pohjoinen jäämeri

Αρκτικός Ωκεανός

pohjoisnapa

Βόρειος Πόλος

etelänapa

Νότιος Πόλος

Antarktis

Ανταρκτική

maa

Γη

maa

γη

meri

θάλασσα

saari

νησί

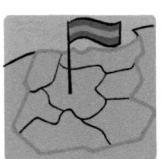

kansa

έθνος

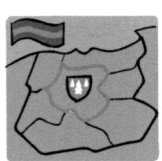

osavaltio

πολιτεία

kellotaulu

καντράν ρολογιού

tuntiviisari

ωροδείκτης

minuuttiviisari

λεπτοδείκτης

sekuntiviisari

δείκτης δευτερολέπτων

Paljonko kello on?

Τι ώρα είναι;

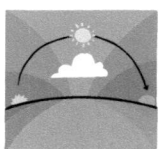

päivä

ημέρα

aika

χρόνος

nyt

τώρα

digitaalikello

ψηφιακό ρολόι

minuutti

λεπτό

tunti

ώρα

viikko
εβδομάδα

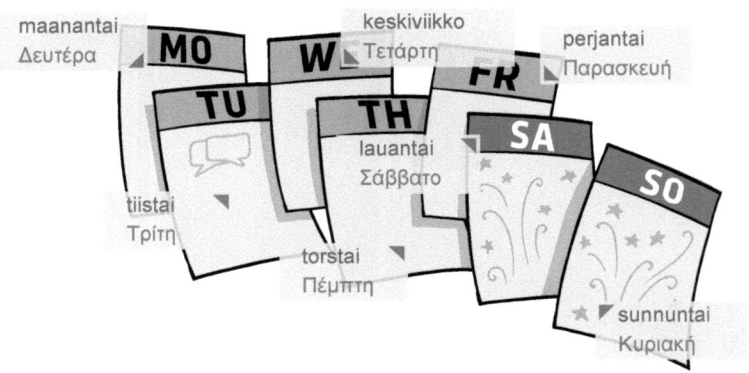

maanantai
Δευτέρα

keskiviikko
Τετάρτη

perjantai
Παρασκευή

tiistai
Τρίτη

lauantai
Σάββατο

torstai
Πέμπτη

sunnuntai
Κυριακή

eilen
χθες

tänään
σήμερα

huomenna
αύριο

aamu
πρωί

keskipäivä
μεσημέρι

ilta
βράδυ

MO	TU	WE	TH	FR	SA	SU
1	2	3	4	5	6	7
8	9	10	11	12	13	14
15	16	17	18	19	20	21
22	23	24	25	26	27	28
29	30	31	1	2	3	4

työpäivät
εργάσιμες ημέρες

MO	TU	WE	TH	FR	SA	SU
1	2	3	4	5	6	7
8	9	10	11	12	13	14
15	16	17	18	19	20	21
22	23	24	25	26	27	28
29	30	31	1	2	3	4

viikonloppu
Σαββατοκύριακο

vuosi
έτος

sade
βροχή
sateenkaari
ουράνιο τόξο
lumi
χιόνι
tuuli
άνεμος
kevät
άνοιξη
syksy
φθινόπωρο
kesä
καλοκαίρι
talvi
χειμώνας

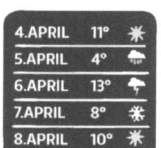

4.APRIL 11°
5.APRIL 4°
6.APRIL 13°
7.APRIL 8°
8.APRIL 10°

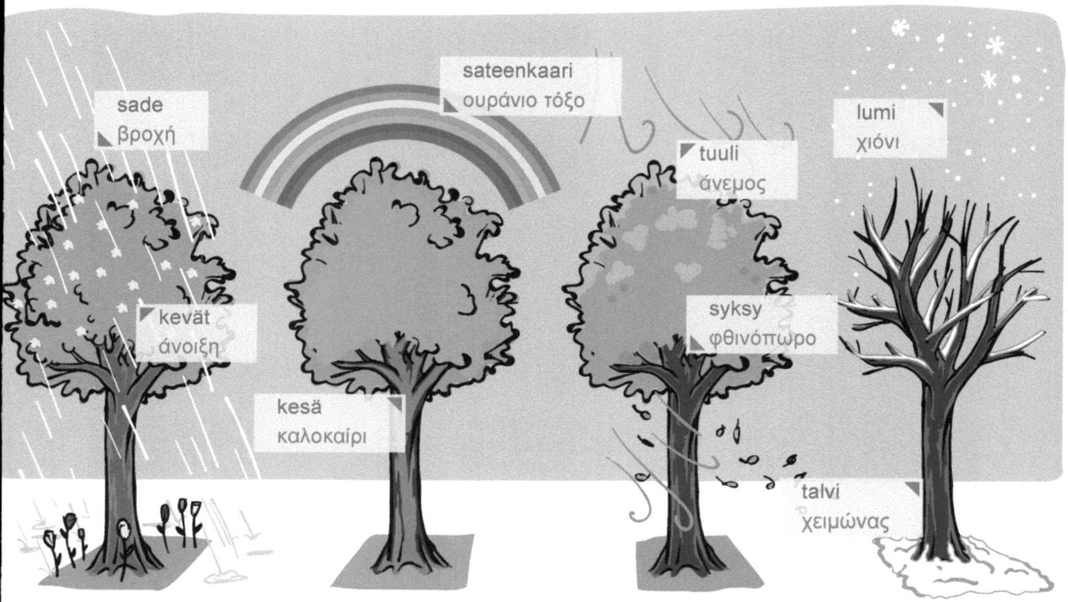

sääennuste

πρόγνωση καιρού

F C
120 40
90 30
60 20
30 10
0 0
-30 -10
-20

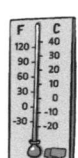

lämpömittari

θερμόμετρο

auringonpaiste

λιακάδα

pilvi

σύννεφο

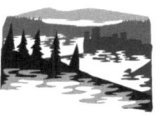

sumu

ομίχλη

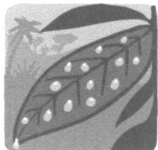

ilmankosteus

υγρασία

salama

αστραπή

ukkonen

κεραυνός

myrsky

καταιγίδα

rae

χαλάζι

monsuuni

μουσώνας

tulva

πλημμύρα

jää

πάγος

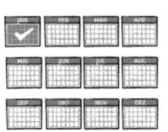

tammikuu

Ιανουάριος

helmikuu

Φεβρουάριος

maaliskuu

Μάρτιος

huhtikuu

Απρίλιος

toukokuu

Μάιος

kesäkuu

Ιούνιος

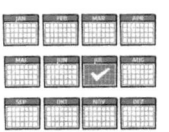

heinäkuu

Ιούλιος

elokuu

Αύγουστος

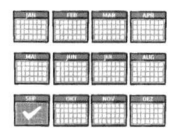

syyskuu

Σεπτέμβριος

lokakuu

Οκτώβριος

marraskuu

Νοέμβριος

joulukuu

Δεκέμβριος

σχήματα

ympyrä

κύκλος

neliö

τετράγωνο

suorakulmio

ορθογώνιο
παραλληλόγραμμο

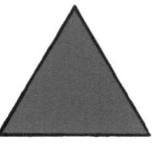

kolmio

τρίγωνο

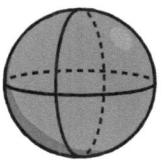

pallo

σφαίρα

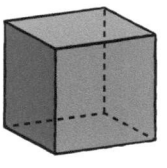

kuutio

κύβος

valkoinen

άσπρο

keltainen

κίτρινο

oranssi

πορτοκαλί

vaaleanpunainen

ροζ

punainen

κόκκινο

violetti

μωβ

sininen

μπλε

vihreä

πράσινο

ruskea

καφέ

harmaa

γκρι

musta

μαύρο

paljon / vähän

πολύ / λίγο

vihainen / ystävällinen

θυμωμένος / ήρεμος

kaunis / ruma

όμορφος / άσχημος

alku / loppu

αρχή / τέλος

suuri / pieni

μεγάλος / μικρός

vaalea / tumma

φωτεινός / σκοτεινός

veli / sisko

αδελφός / αδελφή

puhdas / likainen

καθαρός / λερωμένος

täydellinen / epätäydellinen

πλήρης / ατελής

päivä / yö

ημέρα / νύχτα

kuollut / elävä

νεκρός / ζωντανός

leveä / kapea

φαρδύς / στενός

syötävä / syömäkelvoton

βρώσιμος / μη βρώσιμος

paha / kiltti

κακός / ευγενικός

innostunut / tylsistynyt

ενθουσιασμένος / βαριεστημένος

lihava / laiha

παχύς / λεπτός

ensimmäinen / viimeinen

πρώτος / τελευταίος

ystävä / vihollinen

φίλος / εχθρός

täysi / tyhjä

γεμάτος / άδειος

kova / pehmeä

σκληρός / μαλακός

painava / kevyt

βαρύς / ελαφρύς

nälkä / jano

πείνα / δίψα

sairas / terve

άρρωστος / υγιής

laiton / laillinen

παράνομος / νόμιμος

älykäs / tyhmä

έξυπνος / χαζός

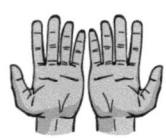

vasen / oikea

αριστερός / δεξιός

lähellä / kaukana

κοντινός / μακρινός

uusi / käytetty

καινούριος / μεταχειρισμένος

ei mitään / jotain

τίποτα / κάτι

vanha / nuori

γέρος | νέος

päällä / pois päältä

αναμμένος / σβηστός

auki / kiinni

ανοιχτός / κλειστός

hiljainen / äänekäs

χαμηλόφωνος / μεγαλόφωνος

rikas / köyhä

πλούσιος / φτωχός

oikein / väärin

σωστός / λανθασμένος

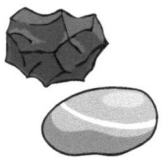

karhea / sileä

τραχύς / λείος

surullinen / iloinen

λυπημένος / χαρούμενος

lyhyt / pitkä

κοντός / μακρύς

hidas / nopea

αργός / γρήγορος

märkä / kuiva

υγρός / στεγνός

lämmin / viileä

ζεστός / δροσερός

sota / rauha

πόλεμος / ειρήνη

0

nolla

μηδέν

1

yksi

ένα

2

kaksi

δύο

3

kolme

τρία

4

neljä

τέσσερα

5

viisi

πέντε

6

kuusi

έξι

7

seitsemän

εφτά

8

kahdeksan

οκτώ

9

yhdeksän

εννιά

10

kymmenen

δέκα

11

yksitoista

έντεκα

12

kaksitoista

δώδεκα

13

kolmetoista

δεκατρία

14

neljätoista

δεκατέσσερα

15

viisitoista

δεκαπέντε

16

kuusitoista

δεκαέξι

17

seitsemäntoista

δεκαεφτά

18

kahdeksantoista

δεκαοκτώ

19

yhdeksäntoista

δεκαεννέα

20

kaksikymmentä

είκοσι

100

sata

εκατό

1.000

tuhat

χίλια

1.000.000

miljoona

εκατομμύριο

englanti

Αγγλικά

amerikanenglanti

Αμερικάνικα Αγγλικά

mandariinikiina

Μανδαρίνικα Κινέζικα

hindi

Χίντι

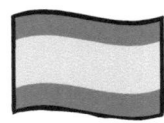

espanja

Ισπανικά

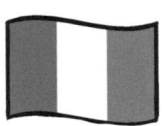

ranska

Γαλλικά

arabia

Αραβικά

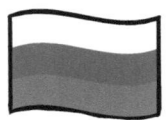

venäjä

Ρώσικα

portugali

Πορτογαλικά

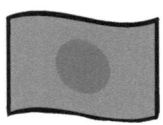

bengali

Μπενγκάλι

saksa

Γερμανικά

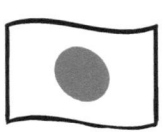

japani

Ιαπωνικά

minä

εγώ

sinä

εσύ

hän

αυτός / αυτή / αυτό

me

εμείς

te

εσείς

he

αυτοί / αυτές / αυτά

kuka?

ποιος / ποια / ποιο;

mitä / mikä?

τι;

miten?

πώς;

missä?

πού;

milloin?

πότε;

nimi

όνομα

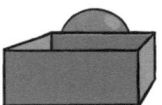

takana

πίσω

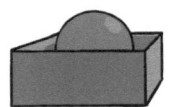

sisällä

μέσα

edessä

μπροστά

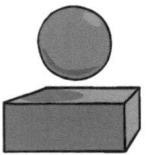

yläpuolella

πάνω από

päällä

πάνω

alapuolella

κάτω

vieressä

δίπλα

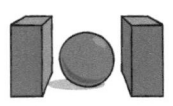

välissä

ανάμεσα

paikka

μέρος